AQUARIUS

AQUARIUS

AQUARIUS

AQUARIUS

Vision

一些人物，
一些視野，
一些觀點，
與一個全新的遠景！

親愛的，
我想明白你

男人玻璃心

郭彥麟（精神科醫師）著

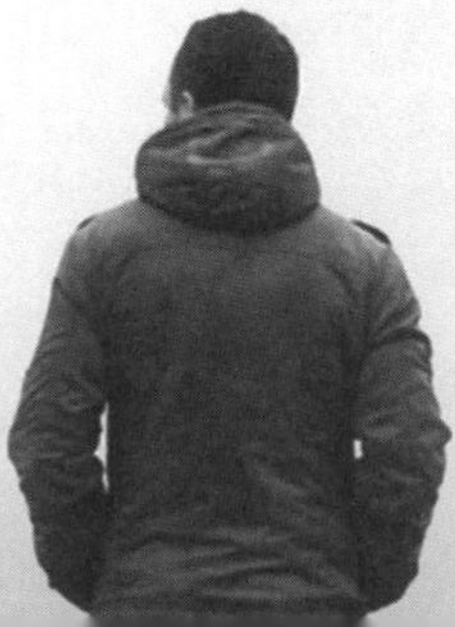

自序——

讓女人由此理解，讓男人獲得安慰

那只是一個尋常的早晨，我如販賣機坐定後，開始問診。個案的聲音、表情、思緒，一一按下我腦中的按鍵，經過某種深植的迴路運算後，哐噹一聲，五顏六色的藥物包裹落下，熱騰騰也冷冰冰，鮮麗卻黯淡，彷彿帶來了治療的希望，卻也隱藏不住帶回診斷的失望。

希望來自於想像，失望也來自於想像。

精神科診間就是一個如此神祕的地方吧？隱匿於多數人生活的空白處，幾與現實斷裂，於是可以被大量的想像投射：對醫師、對疾病、對治療、對藥物的想像……

救贖與詛咒，溫暖的沙發與冰冷的鐵床，智慧的領悟與發狂的咆哮，各種矛盾的意象壅塞了小小的診間。

但那其實只是我極其尋常的生活，一個再單調不過的房間——日光燈、冷氣、電腦，沒有神話也沒有鬼故事。

這裡頭的奇蹟與悲劇，從未比外頭現實人生裡的多。

然而，一通電話，讓那個尋常而單調的早晨，多了一些想像。

編輯偶然在網路上看見我荒廢已久的文字，並沿著文字尋到了我。她問我，願不願意書寫一本「關於男人」的書。憑著聲音，我答應了邀約，儘管一切都還停留在模糊的想像。

對我而言，編輯的世界亦是個神祕的地方，文字經由熬煮提煉，被賦予了魔法，彷彿可以讓想像成形。

於是，想像孕育出了想像。我開始採集文字，而編輯也開始熬煮，一個個男人的片段，緩慢地從爐火中提煉出來。

雖然至今，我仍對那早晨最初的偶然，感到超乎想像。

編輯說，這寫男人的書，是要給女人看的。但我竊自藏了點野心，盼望這些煮軟熟透了、徹底裸露出來的男人肺腑肝腸，不僅能讓女人因品嚐而理解，也能讓男人因被品嚐而獲得安慰。

一點點，一點點味道也好。

懷抱著這樣的情感，從男人的內心出發，小心地往女人的內心靠近。男人的各種艱難委屈、沉默壓抑、自戀自卑、蒼老幼稚、內心枷鎖或外在束縛，在文字裡反覆熬煮試嚐，不能太濃，也不能太淡，要能入口，且要能深刻入味。護著爐火，這是一段汗流浹背的過程。

但這也是一段令人衷心期盼的旅程，從男人至女人，鄰近卻遙迢，跨越想像的旅程。

最初每一個片段皆以一個名詞（物件或生物）作為標題，像是「鹽巴」、「糖」、「黑狗」、「花貓」。但這樣的標題似乎太過隱晦，無法清楚直接地傳達想法，於是做了更改。

的確，原初的表達太疏離了，總隔了一層什麼，躲在什麼後頭似地。然而，那也如實反映了男人面對情感的姿態，與女人面對這些姿態的困惑和不安。

男人總不說，不會說，或不想多說。一靠近，就閃身；一對眼，就轉頭。於是各種物件，承載著男人壓抑或生疏的情感，成為出口、替代或某種投遞的信號。擱了就走，拋下就走。

像是〈鐵血男人〉一篇中的「黑狗」，成了父親與兒子間沉默的對話，是父親對兒子的期待與掌控，也是兒子對父親的不捨與宣告。也像是〈夾心男人〉故事裡的「花貓」，讓男人嫉妒、怨恨，最終又讓男人愧疚而感激；那些複雜更迭的情感，本是對著母親、妻子，甚至他自己的。

迂迴間接，曖昧彆扭，男人用一個「真實」的物件來取代「抽象」的情感，卻反讓真實的情感，變得模糊而疏離了。所以〈空氣男人〉中，男人打碎了玻璃，丟棄了藥袋，卻依然沉默；而〈棋盤男人〉裡，老男人算計著棋盤，守著空屋，也依然寂寞。

「黑狗」或「花貓」，終究不能取代誰。

說說話吧！一點一點，一點點也好。

採集的過程中，田野不總是豐饒，有乾旱，也有嚴冬（也的確跨越了一個冬天）。眼前荒蕪，身後是時間追趕，這些焦慮與懷疑，或許也投射入文字裡了吧？所幸，在度過了與爐火一般的溽暑後（啊，其實還在烤著呢！），終於，那個早晨的想像，不再只是想像，而是要具體地呈現在眼前了。

那是一本有重量、有影子、有沙沙翻讀聲的書。就如各種物件，將承載著各種情感與想像，傳遞到我無法想像的地方。

這是診間裡沒有的魔法，一段驚奇的旅程。

旅程中，感謝編輯的指引，及家人無盡的包容與陪伴。

男人玻璃心——親愛的，我想明白你

目錄

自序——讓女人由此理解，讓男人獲得安慰 009

PART 1 寂寞難耐

疾風男人——無止境的焦慮，讓他疲憊地追趕 022

暗傷男人——任何關心或擔憂，都可能刺痛他的自卑 033

夾心男人
——缺少空間的愛，讓他難以喘息　044

寄居男人
——他追尋的是一份愛的安全感　056

嗜甜的男人
——外遇成習，只因他不成熟的自戀　068

木炭男人
——他以為燃燒自己是愛，卻沒有自信的光芒　080

空氣男人
——他學不會表達自我，只能沉默順服　090

公路男人
——他害怕選擇，只能茫然地高速前進　102

迴轉壽司男人
——面對愛情，他始終舉棋不定　111

孤枕男人
——孤獨，是因為彼此的愛走失了，而不是不存在　124

PART 2 像個孩子

便利商店男人
——他想逃離的是麻煩、責任和束縛 136

服務業男人
——他欠缺了對自我的認同與肯定 147

花椰菜男人
——他太在意別人怎麼看自己了 158

隧道男人
——憂鬱給他的絕望，像是沒有盡頭的隧道 168

地圖男人
——他凡事都照著規矩走，其實是在逃避 179

找路的男人
——憂鬱需要治療，也需要自己的接納與盼望 189
酒精男人
——酒麻痺了痛苦，卻也奪去了希望 202

PART 3 關於失去

單親的男人
——虧欠的愛太深，卻也太沉重 214
鐵血男人
——他要重新學習缺席的父親角色 225
冰的男人
——他原以為只要夠堅強，就能讓哀傷消失 239

落葉男人
——衰老並不可怕，「遺忘」與「被遺忘」才可怕 251
棋盤男人
——沒有人可以去走別人的人生棋局 264
空洞男人
——他想擺脫的不是思念，而是空洞 275

PART 1 寂寞難耐

疾風男人

——無止境的焦慮，讓他疲憊地追趕

「你會容易緊張嗎？」

他正抱怨自己的失眠，卻在我提出這個問題後，停頓下來，彷彿也疲倦地閉了眼睛。愈累愈睡不著，睡不著隔天更累，無法沉睡又無法真的清醒……失眠帶來的疲倦就這樣加速地循環累積，變成償不清的債。吞下了大把維他命、大量咖啡，統統排進尿裡，卻沒能排出絲毫疲倦，走投無路了，只冀望靠安眠藥好好睡一覺，先還些利息也好。

但我知道，**失眠只是浮出水面的冰山一角，底下往往藏著更巨大的問題。**我想潛入水中一探究竟，畢竟安眠藥只能短暫地應付利息，唯有化解冰山，才能慢慢償還本金，於是我問：

「你會容易緊張嗎？」

縮著肩膀的他彷彿坐在懸崖邊，從表情到身體，所有的肌肉都被上緊了螺絲，一放鬆就會失衡、墜落。他明顯緊繃不安，空氣些微的震動都能牽動他的思緒神經，但他否認自己會緊張，那不是他「該」有的問題。

「緊張？我不會緊張啊！」他皺皺眉頭，有點防禦地回答，好似我問了個失禮的問題，讓他更加緊繃。

……不是緊張，那是什麼呢？

我想起類似的經驗，於是試著修正問題，從另一頭下潛。「那……你會容易『操煩』嗎？像是一件事情沒確定，就一直牽掛著。」

他沉默了一下，微微點點頭：「好像有點這樣。」

「太有責任感了。」我輕嘆口氣。

「也不是啦……」他苦笑著，表情放鬆了些。

緩緩地，我靠近了冰山一點。

向前一步，更貼近彼此

緊張、擔憂和操煩，都是「焦慮」的不同面貌

他不是第一個否認自己緊張的男人。

「緊張」、「擔憂」與「操煩」，其實是「焦慮」的不同面貌，但其間的細微差異觸動了許多心思，像是一個人對自己的看法、對這些形容詞的想像與認同，還有隱藏在冰山下的敏感自尊。

覺察這份「敏感」是重要的，往往愈敏感的地方，就是愈接近內心的地方。而且，如果我掌握的並不是對方所想表達的，那麼從這細微的分歧出發，我們未來的步伐將漸行漸遠。

如此敏感的男人其實不少，對「緊張」矢口否認，對「焦慮」也有所疑慮。**在他們的認知中，「緊張」暗示著慌亂、神經質，是脆弱的象徵，而「焦慮」似乎說著不夠乾脆灑脫。**好幾次我提到「焦慮」時，他們總是反問我：

「那代表什麼？」

而大多時候，這些男人則是什麼也不說，只抱怨身體上的痠痛、疲憊，還有失眠。內心的冰山就繼續藏在水面下，直到與生活產生猛烈的碰撞。

可以操煩，但不能緊張，敏感的自尊擴大了兩者之間的差距，也限制了他能坦露的傷口。所幸，我們在「操煩」上得到共識，他願意坦露出來，我也才能靠近。

或許「操煩」說出了肩上扛起的責任，還有堅強裡默默承受的痛苦，也因此能夠讓他卸下心防，靠近他的內心。

跟焦慮賽跑

他是個軟體工程師，思慮縝密，認真負責，總能如期將案子完成，交出滿意的成果。但隨著上司的信賴增加，他肩膀上的倚重也增加，長路遙迢，他在有限的時間裡趕路，依然要求自己完美地準時抵達。

所以他不斷地跑——跟時間賽跑，跟焦慮賽跑，跟所有的不確定感賽跑。他總是擔憂錯誤會在不留神的細處偷襲，只好跑到一切的前頭親身看個仔細，才能安心。但

未來一直來，下一秒，新的擔憂又毫不留情地追上來。

他停不了，不是在急躁的奔跑中，就是在隨時準備起跑的緊繃裡。他就這樣跑到筋疲力竭、渾身痠痛，開始用憤怒來踢開賽道上的任何阻礙。

他重重掛上客戶的電話，即使不說，上司也看出了他的浮躁。

上司讓他休了幾天假，於是他安排了一場家庭小旅行，想說到山上晃晃，喘口氣，便能重新調整呼吸。

「有放鬆到嗎？」我問。

「完全沒有，而且還得了重感冒。」他搖了搖頭，口罩底下是同樣疲憊的臉。

旅途中，他依然被焦慮追趕著，非但整身的疲憊沒卸下，還多帶了病毒回來。

放不下

他提早起床，焦躁地催促著妻兒，擔心遺漏行李、擔心氣候不佳、擔心塞車延誤。

一路上，他無暇欣賞風景，腦中盤算著如何完美地銜接行程：先訂好餐廳，飢餓的時候剛好抵達，用餐後休息片刻，安頓好落腳處，趕在日落前消化幾個景點，然後再確認晚餐的地點……

公司原應暫停的業務也悄悄被一同收拾進行李，他不時查看手機是否有未接來電或新的訊息，即使已隔著群山雲霧。

那個晚上，妻兒與整座山都熟睡在黑暗裡頭，世界靜得可以聽見自己的心跳聲，他卻跟在家時一樣，還是無法安眠。

孤獨的疾行

隔日清早，他不耐地喚醒妻兒，反覆宣告出發時間：「快一點！不然我們到不了神木。」

「你到底在緊張什麼？」妻子被他勒緊了神經，忍不住問。

「我是替你們擔心，不是緊張！」他壓抑怒氣，臭著臉回。

穿入林間步道，清晨的悠閒頓時被他的疾行旋緊了發條。但妻子與一雙兒女並沒有跟上，他們走走停停，一會兒逗弄松鼠，一會兒在鏡頭前擺弄姿勢，拖慢了他的步伐。他看著手錶，感覺整個世界都在壓縮，丟下一句：「你們再慢慢走！」便頭也不回地繼續疾行趕路。

「為什麼他們就是不能配合?就是不能體諒我?」憤怒加速喘息,擾亂了空氣裡的平靜。他怪罪著家人的阻礙,卻無法察覺是自己內心不斷滲透出來的焦慮,讓路變得崎嶇。

終於到了。然而,山林的靜謐卻沒讓他的心安定下來,看著眼前神木坦露出的雷擊傷痕,他感受不到山林的靜謐,反而陷入了孤獨的委屈之中。

他自認替全家擔負了所有壓力,獨自走在前頭排除障礙,大小事只有他在操煩,妻兒慢條斯理地置身事外,漠不關心。

他感覺自己隻身頂著一片快要垮落的天空,不能逃開,也不能歇息,心裡的傷痕只能繼續藏在冰山之下獨自承受,彷彿一個悲劇英雄。

家人總算也抵達了。望著妻兒滿不在乎地自在笑著,他再也抑止不了憤怒。

「這趟旅行,全都被你們破壞了!」他在心中暗想著,忿忿踢了路邊垃圾桶一腳,如冰山崩裂發出巨大聲響。

他準時抵達神木,卻失去了整趟旅行。

焦慮會傳染

「我失控了……」他既自責又擔憂，想知道發生了什麼事。

「那是焦慮。」

我試著讓他明白「焦慮」是如何慢慢地侵蝕他。

焦慮就像是電腦病毒，潛入了大腦，啟動無止境的擔憂，將所有的「不確定」反覆在心頭煎著，煎到焦了。但這些無用的程式只是耗損大腦的資源，並沒有產生任何效益，因而大腦開始空轉變慢，無法關機，情緒管理系統也失去功能，憤怒傾巢而出……最後，大腦癱瘓，病毒感染全身，我們哪兒也到不了。

「是這樣嗎？……」

他默默聽著，過去一直以為這樣的擔憂只是責任感使然，直到他被自己的憤怒嚇著了，才明白擔憂已經失控。

「妻子跟小孩有嚇到嗎？」我問。

「應該有吧？他們好像變得很怕我生氣。」他沮喪地說。

他終於停下來看見了妻兒的情緒，但我想，他的焦慮早就深深影響了他們。

焦慮是會傳染的，尤其在親密的關係之間。

家是一個「生命共同體」，情感的流動便是焦慮滋生的溫床。往往，焦慮就在彼此的擔憂中蔓延，只是無人開口，也無從靠近。

其實焦慮早就傳染給了妻兒，再加倍回到他身上。

妻子曾試著關心他、安撫他，但都被他當成指責與誤解。他慢不下來，便怪別人落後；靜不下來，便怪別人懶散。敏感一被觸碰，他就以憤怒反擊。

漸漸地，無所適從的妻兒也被焦慮淹沒。孩子怕他生氣而閃躲，妻子更是不知該如何靠近才能不驚擾他、耽擱他。他總質疑「為什麼他們就是不能配合」，但妻兒不是不配合，只是不想感染更多的焦慮，只好遠遠看著，憂心不已卻又無能為力。

那天看著他憤怒的背影獨自上山，那趟旅行，他們也很傷心。

「其實我也不是真的氣他們，畢竟他們是我心甘情願想要保護的人，只是……」他說。

我點點頭，明白他的矛盾。

「有時候，我們都急著要保護對方，卻忘了先照顧好自己。」

關係修復的開始

找了一個機會，他向妻子坦露傷口。「對不起，我真的太緊張了。」妻子驚訝地靠近，然後柔軟地安慰他：「你真的不用那麼擔心，你帶給我跟孩子的，已經非常足夠了。」

冰山消融，溫暖地流出眼眶。他抱著妻子，放鬆了身體，也終能安心地倚靠著哭泣。

愛的領悟

慢一些，才能彼此陪伴。

支撐起天空的永遠不會是獨自的焦慮，而是情感的交織羈絆。

暗傷男人

——任何關心或擔憂，都可能刺痛他的自卑

每到年前，一種倒數計時的焦慮感便會在許多人心中滴答滴答地響起，我都戲稱這是一種「過年症候群」。

有的人是單純因為「社交焦慮」，不喜歡過度密集的成串社交。有人則是對陌生親友的身家調查感到厭煩：「有男朋友了嗎？結婚了嗎？生小孩了嗎？瘦了啊？還是胖了些啊？」

還有許多人是與父母的關係疏離又緊張，過年團聚的氣氛，只是在提醒他家庭的支離破碎。

當然，大多數的焦慮還是來自於妻子回婆家、丈夫回娘家，這種一輩子都似乎難以跨越的障礙。

傳統家庭圍在高牆裡，可以由裡頭生出來，但很難從外面跨進去。

「那像是一場比賽。」

他這樣跟我比喻。

一年一度被迫披上「女婿」的身分參賽，但在眾目睽睽之下缺乏自信，屢屢挑戰失敗。不去，又彷彿認輸。

「比什麼都輸。」

他沮喪地搖頭嘆氣。

失業期間回娘家，他安安靜靜地吃飯、發紅包，但那些格格不入的熱鬧還是尖銳得刺耳。比賽一場接著一場，比年終獎金、比出國照片、比孩子送的厚禮，甚至比「退休」後的閒情逸致。

大家很有默契地跳過他，看來消息流通得很快，他事先被淘汰了。

向前一步，更貼近彼此

失去認同的絕望

他本來是車廠的業務，業績穩定，日復一日幹了二十年，沒有學得新花招，只靠一成不變的老實。他心想，反正業績沒有下滑就好。

但現實沒打算這樣陪他玩，車子進步得比他快太多，新品牌、新車種殺入戰局，客戶多問他幾句，他便招架不住。

快五十歲時，他失業了。

「醫生，你懂嗎？那種感覺好像剛退伍後重新踏入社會，只不過當初是從大門進來，現在卻是從後門偷偷溜回來。」他的語氣帶著失落。

投了好幾份履歷，都是車廠，枯等了半年卻都石沉大海，妻子忍不住酸他：「除了車子，你就不會賣點別的嗎？」

他被嗆得回擊：「車子是我的專業、我的優勢，我靠這個找工作有不對嗎？你又懂什麼？」沒說出口的是，如果他換了工作，就等於承認了自己的失敗，他還在掙扎，想證明自己二十年的價值。

「專業，也是要別人認同才算數吧？」妻子冷冷地回了一句，回頭繼續批改作業。

從脖子到太陽穴瞬間一陣緊縮，整顆頭又熱又脹，但他忍了下來，沒再爭辯。他內心明白，幸好妻子當老師的工作穩定，一對兒女的大學學費、房貸，還有他這張嘴，暫時都靠她供養。

「我知道我太太其實是個體貼的人，只是受情緒影響才會有點刻薄。唉！讓她一個人對抗現實的壓力，我真是太沒用了！」他沮喪地說。

而我看到了他內心潛藏的另一份憂傷——**如果連妻子都否定了他，絕望就更深了。**

旁人的疑惑，變成了否定的質疑

年後，妻子透過在學校認識的童書業務幫他介紹了工作，他沒有拒絕。

他聽從妻子建議，卸下了領帶、西裝，穿得輕鬆一些，塑造一種和藹的形象，開始在孩子出沒的遊樂園、博物館或博覽會擺攤，說故事給孩子聽。

認真看了幾次「水果奶奶」，總是模仿不來那種誇張的溫柔語調，但他安靜地低頭陪小孩，笨拙老實地說著故事，書也莫名其妙地賣出了一些，勉強保住了飯碗。業績緩慢進展，日子卻再度快速迫近年前。

雖然有了工作，他卻比去年失業時更抗拒，他想像著說出自己職業時，妻子親友眼神中的輕蔑，又頭痛得失眠。

「為什麼呢？」我問，想知道他到底如何看待這份職業、看待自己，畢竟這些想像都來自於他自己。

「你當醫生你不會懂啦！」他不想說，他覺得他的妻子不懂，世界上也不會有人懂。

突然，我彷彿懂得他妻子的感受了！

那是一種被「砰」一聲反鎖在門外的感受。原來在他耳裡，我的疑惑變成了一種否定的質疑。

這一年來，自卑讓他愈來愈敏感，**妻子不經意的眼神、話語甚至沉默，都會讓他受傷**。但他並沒有選擇說出真正的想法與感受，任憑著傷口暴露，而痛又加深了自卑，繼續惡化。

「妻子果然是徹底否定我了。」他藏著這樣的想法，扭曲任何靠近自己的訊息，於是關心變成同情，鼓勵變成嘲諷，擔憂變成了不信任。

他聽見的，都變成了這些聲音：

「為什麼你這麼沒用呢？」

「為什麼你不能接受你的失敗呢？」

「為什麼你還要繼續作夢呢？」

憤怒因自卑而生

他忍著回娘家，盡量低調地吃著飯，但終究還是輪他上場了，公務員退休的大舅子突然跟他搭了話。

「聽說你現在變成說故事大王了？」

他停下筷子陪笑，對上大舅子不懷好意的眼神。「沒有啦！」

「有沒有帶書來啊？露幾手教教我們，我這種不專業的說起來，孫子都嫌無聊。」大舅子說完，其他人紛紛附和。

「真的還好啦！是故事書寫得好，改天送幾本給你們。」一時也不知該如何回應，他趕緊低下頭扒了一口飯菜，嘴裡一坨沒化開的鹽巴，好鹹。

他很憤怒，回程路上緊緊抓著方向盤，疼痛也緊緊抓著他的頭。

他氣大舅子就只喜歡捉弄他！每年都愛找他聊車，聊了二十年，一輛也沒跟他買過。

他氣他的工作！自己的孩子都說不上話了，哪裡懂得說故事？這不過就是一門生意，照顧小主人、滿足大主人，當孩子的面大聲稱讚給爸媽聽。妻子教他要從孩子的特質中看見優勢：聒噪的是活潑，沉默的是專注，跟不上的是有主見，走太快的是有創意，他試著去做，但還是失敗了。他只看見各種討人厭的缺陷，就像他看自己一樣，一句稱讚也說不出來。

他氣妻子替他找了這個工作！但他更氣自己不得不屈就！自卑在他的太陽穴上，緊緊打了個死結。

「你有沒有覺得媽媽今天煮的菜很鹹？」他試探地問。

「咦？不會啊！」妻子答。

「不會？」他驚訝地大叫，開始用大量的抱怨傾瀉無處訴說的憤怒。「你們也太誇張了吧？媽媽年紀那麼大了，每年還讓她那麼辛苦煮一桌，而且你們都沒有發現她愈煮愈鹹嗎？你哥到底有沒有在關心媽媽啊？這可能是失智症的前兆欸！還是你們味覺都有問題？吃那麼鹹都不怕高血壓？」

妻子被他帶刺的話挑起了憤怒，冷冷地看著他說：「你不爽我哥就說，不用扯到我媽。」

「什麼你媽我媽，現在是把我當外人嗎？對！我就是不爽你哥，他今天分明就是故意調侃我，其他人也跟著取笑。我只是個沒念什麼書的窮業務，不像你們家，老師、教授、公務員，統統都是高知識分子，被你們看不起也是活該！」他愈說愈激動。

「你不要講得太過分。如果不舒服，你以後可以不要來！」妻子被氣得也說了狠話。

「我就知道你是這樣想，我不來是怕你難做人，結果來了反而讓你丟臉了！」

「我沒有覺得你讓我丟臉！」妻子瞪著他說。

「沒有？那你為什麼要介紹那樣的工作給我？不就是看不起我，認為我只配說故事要猴戲嗎？」他把傷口的痛，一口氣吼了出來。

「你竟然這樣說……為什麼？你有問過我嗎？」妻子咬著牙，不再開口，轉頭看窗外走了二十多年的風景，糊成了一片。

他把妻子弄哭了，突然不知所措，直視著前方返家的路。

剛剛那頭暴戾發狂的獅子，又變回那個闖了禍不知該說什麼，自我放棄的自卑男人。

自卑的投射阻斷了溝通

「是啊！你問過她嗎？」

我看著無助的他，那個自卑好深好深，濃濃的陰影把光都吸走了，他跳不出來，便想把所有人都扯進陰影裡。

「投射」，便是如此。

自卑是自己挖掘的——我們認定自己是如此，再把這樣的想像統統套到別人身上，認定別人心中的自己也是如此。

很多人就這樣困在自卑裡頭，拚命投射，卻畏懼去溝通、去認識別人真正的想法。為什麼怕呢？因為他們害怕去問了，那些想像就成真了。

男人的自卑裡，其實藏著脆弱的自尊心。他們對於自己的一無是處充滿了矛盾，既不願真的承認，卻又感覺如此。

所以，他們選擇被動，等待有人主動稱讚他們；自己則繼續以受傷之姿留在自卑的洞裡，憎惡自己。

「為什麼要問？不就是那樣嗎？」他說。

「可是聽起來似乎不是這樣啊，你老婆似乎在等你問她啊！」我提醒他去打開他已經在妻子的淚光中看見，卻遲遲不回應的訊息。

妻子根本沒有嫌棄他。妻子厭惡的是他的自卑。每次不小心碰著了，就像隻河豚脹得大大的，露出傷人的刺。

妻子的體貼也因此被磨得粗糙了。猜不透他的心說是不懂他；猜中了，又說果真如此看待他。

關係修復的開始

「我終於鼓起勇氣，問了我太太……」

最後一次來診間時，他百感交集地說。

體貼的妻子流著眼淚告訴他，或許因為自己是老師，所以她覺得那是一個很偉大的工作。而且她知道丈夫是老實人，老實的人不會欺騙孩子，是一個讓她放心又驕傲的人。

的確是個體貼的妻子，且真的是個可以在缺憾裡看見美好的人。我聽著他說，也深深地被感動，為了他的勇氣、妻子的體貼，還有他們之間的重新理解。

愛的領悟

鹽撒上去，會痛的地方就是傷口。

但疼痛不僅僅是因為鹽，而是那裡有傷。這傷口是自卑，卻也是脆弱的自尊。

當看見了傷口，我們就該好好地照顧它，而不是一味指責別人，將疼痛投射給別人。

對於關愛我們的人而言，那疼痛，是同樣巨大的。

夾心男人

——缺少空間的愛，讓他難以喘息

認識的人裡，養貓的似乎愈來愈多。許多抱著單身主義、不打算生孩子或獨居的人，紛紛養了貓來陪伴。

在我的刻板印象中，貓是敏感而孤傲的，因此我對這所謂的「陪伴」不禁感到好奇。有次去養貓的朋友家中拜訪，望著那雙在黑暗裡瞪大發亮的眼睛，總覺得看不透，不知這彷彿無聲活在影子裡的毛傢伙，心究竟藏在哪裡？牠保持距離，用一種測量不到溫度的眼神看著你，而你搞不懂自己該靠近還是後退。一秒之間你眼睛一眨，牠躍上了高處，消失在陰影裡。

「養貓到底有什麼好處？」我問朋友，覺得這樣的「陪伴」似乎有些空虛。他毫不猶豫地回答：「養貓，可以給彼此空間。」

我不大服氣。「可是應付這種若有似無的陪伴，滿累人的吧？」

「跟貓相處，還是比人容易多了啊。」他搖搖頭，滿足地說。

或許吧，人與人之間儘管多了語言溝通，誤解卻沒因此減少，相處間的重量反而更讓人覺得窘迫。

難怪那個被重量壓垮的男人會羨慕起他的貓。喔，嚴格說來是他妻子的貓。

向前一步，更貼近彼此

三人間，隱隱束縛的不自由

「貓真是又冷淡又難搞啊！」

其實他跟我一樣，沒特別喜歡貓，但那是妻子的「女兒」，自然他也就成了「爸爸」。那是一隻混雜著黑色、橘色與白色的玳瑁白貓，他沒有研究，只管叫牠「花花」，說牠身上不規則的顏色像是潑了油漆未乾。

婚後，為了南部的他，妻子辭去北部的工作，抱著貓便搬來這個陌生城市。

她說：「結了婚就是要住在一起，才像共同擁有一個家啊！」所以她願意冒險、犧牲。但新的生活乃至這個新的家，都是陌生的，只有身旁的貓是她唯一能依靠的熟悉陪伴，甚至勝過了常不在家的丈夫。

只不過，**家的真實並沒有想像那麼單純**。

母親原本是偶爾才來，沒想到獨子婚後，反而長住了下來。她說她把媳婦當自己女兒，住在一起分攤一些家務，媳婦才不會跟著邋遢懶惰的兒子受苦。

「持一個家很辛苦，以前什麼都只有我自己一個人，現在沒有女人想過那種生活了。」

數十年來單親帶大獨子的艱苦，兒子早不想聽，婆婆只好說給剛進門的媳婦聽。妻子明白婆婆獨自背負的辛酸，但總覺得這些話說得刻意，彷彿她也該承擔些什麼。

一些話，就這樣擱在了心上，一種不明說的競爭也隱隱展開——對你好，是為了比你好。好婆婆先發制人，好媳婦只得趕緊跟上；婆婆照顧，媳婦就得體貼；媳婦孝順，婆婆也得疼惜。原本的初心是真誠自然的，但彼此明著不說，心中掛意揣測，又要吸引旁人的目光，母親與妻子的言行便多了戲劇性的複雜，像看不透的貓眼，讓他茫然，也讓他懼怕。

女人間的積怨在暗中悶燒，相處起來變得愈發燙手，身為「兒子」與「丈夫」的他笨拙地夾在中間，彷彿成了裁判，要公平、公正地明辨勝負。有時他裝傻，更多時候卻是後知後覺，燙傷了還不明所以。

那天，瞥見花花矯捷一躍便從困住的箱中輕易脫身，他才恍然明白曾幾何時，家中自由自在的，只有貓。

委屈，能被吸盡嗎？

母親來了之後，堅持親自下廚。

「多吃一點，有興趣我可以教你。我兒子最愛吃我煮的，以後我不在了，就拜託你了。」三人用餐時，她常懇切地對媳婦說。妻子只好安慰自己婆婆手藝好，也就珍惜地當作用自由換取美食。

只是不知為何，母親總愛在喚他們用餐後，便開始用吸塵器嘈雜地吸遍屋子，深怕沒人看見似地。

他注意到了，妻子當然也注意到了。

妻子終於忍不住，委婉地勸說：「媽，一起來吃飯啊！地板很乾淨了，不用急著吸。」

「我不餓，你們先吃，這地板都是貓毛，我兒子啊從小就對貓毛過敏，我閒著就吸一吸。」母親扯開喉嚨頂著噪音說。

妻子擱下筷子，疑惑地看著對坐的他。他的胃裡好像被毛球哽住了。

貓不安地躲進了房間。

那晚，妻子在房裡質問他：「為什麼你沒跟我說過你對貓毛過敏？」

「我自己沒有印象啊！」他無奈地回。

「所以是媽故意找貓的麻煩？」妻子更激動地問。

「你別想太多，她只是比較有潔癖而已。」除了吸塵器太吵外，他自己真的沒想太多。

妻子的憤怒依然無法平息，別過頭開始找貓，像她過往需要安慰時那般。「花花呢？花花！」他也跟著探尋房間的角落，心裡頭還是摸不清妻子的情緒，就像他總找不著那隻花貓。

妻子從半掩的衣櫃門後抱出了貓，輕聲哄著。頓時他也想鑽進衣櫃裡躲起來。

冰冷的隔離

花花還在適應新環境，常抓壞家具和沙發，也好幾次突然從陰影裡躍出，嚇壞了母親。

其實他母親也努力在適應這個新成員，但四處飄散的貓毛還有滿地散落的貓砂，實在讓人難以忍受。她不好意思當面跟媳婦說，便用吸塵器一邊嚷嚷，一邊把委屈都吸進看不見的地方。

他試著跟母親溝通貓毛的事，卻換來更多抱怨。

「媽，吃飯時吸真的太吵了，而且養貓就是這樣啊！」他覺得自己比貓還髒，母親受得了他，也應該會受得了貓。

他沒搞懂，母親在意的終究不是貓。

「什麼養貓就是這樣？養貓就要把貓照顧好、把環境清乾淨，我有說錯嗎？她不清，你應該來幫忙清啊！說什麼風涼話！」母親終於藏不住憤怒，如貓突如其來地刮了他的臉一頓。

他很快便放棄了溝通，胡亂地給出了承諾：「好啦！你不要再念了，以後我們會把貓關在房間裡。」

就像以往面對母親那樣，每當太靠近了喘不過氣，他就後退——退到北部念書、退到都市工作、退到看不見母親愁苦的臉。以前他以為後退就可以自由呼吸，**但如今他後退，卻撞進了另一個女人的委屈。**

「為什麼我的貓只能待在房間裡？你知道嗎？婚後你不在家，我哪裡也不能去，整天困在這個屋子裡！現在還要我們只能待在房間？」

「我是說貓，不是說你……」妻子的眼淚讓他不知所措地垂下眼睛，花花不知何時靠了過來，倚著妻子的腳。

「媽媽為什麼不搬回鄉下？結婚前你有說她會搬過來嗎？她不搬走，不然我搬走好了！」妻子彎身要抱花花，貓卻突然縱身跳開，她錯愕了一下，走進浴室將自己鎖了起來。他呆坐在床上盯著冰冷的牆。

「那時我突然有種感覺，我媽、太太和我，三個人好像被牆隔了開來，囚困在我們各自的監獄裡……」診間裡的他像是背負著沉重的枷鎖，無力地對我說著。

當舊的寂寞遇上新的寂寞……

就像電視劇裡的經典橋段，兩個女人的戰爭從此白熱化，而一個男人夾在其間當傳聲筒。然而，不善溝通的他有如一堵死牆，被雙方互擲的砲彈轟得坑坑疤疤。

而且，他心裡清楚，許多話是說給他聽的。

「你們是有了貓就不打算生孩子了嗎？我覺得家裡多了一隻貓，我卻像少了一個兒子！」

「我到底是嫁給誰？我看你只會當乖兒子，準備好當爸爸了嗎？」

隔著牆是看不見真實的。母親不知道妻子流產了幾次，妻子也不明白他從不是個乖兒子。每次陷入這種困境，他都不知如何回應。

他心中明白，這生命中最重要的兩個女人都各自受著委屈，她們擁有的空間太小了，安全感不夠，還要隨時害怕自己的家被奪走。

母親寂寞了一輩子，妻子也正在面對新的寂寞。她們被生命經驗裡的「失去」嚇著了，於是對身邊僅有的抓得更緊。最後，他忍不住開始責怪自己。

對他而言，照顧母親是他的責任，照顧妻子也是他的承諾，兩個女人都不可能從他心中抽離。「不要問我誰重要，兩種是不同的情感，我真的不知如何比較。」

如果可以，兩人都應該完整地放在他心中；如果他能力夠好、房子夠大、時間夠多、心思夠細；如果……

冷戰持續。

某天，妻子因娘家有急事，留了字條要他照顧貓便獨自趕回北部。他工作忙，沒想太多，便請母親進房幫忙照顧花花。母親趁這個機會，將他們的房間、浴室徹底整理了一番。

房門被推開後，原本被牆隔開的風暴，劇烈地席捲了整個家。

妻子回來看見房間的東西被移位，連床單都換了，氣得再也無法壓抑。

「是誰允許那個女人進我房間的！」

「你不應該這樣說，是我請媽幫忙的，而且，畢竟這房子是她的。」
「所以她連我的房間都要搶走嗎？」
「有時候你也應該想想，你還有貓啊！我媽什麼都沒有。」
「那除了貓，我還有什麼？」
「……」他不知該如何回答。
「原來我真的什麼都沒有……」妻子絕望地說。
離家時，她什麼都沒拿，只抱起了貓。
幾個小時後，她卻突然慌亂地跑了回來，哭著說貓在火車站走失了。他們找了幾天毫無下落，小小的房間變得更加空寂。

拉開一些距離，關心才給得出去

家，常有許多難解的沉重，我看著殘破不堪的他，也感受到了那種難以承擔的壓迫。往往就是如此，**彼此靠得太近，再堅固的牆也抵擋不了。**

我試著安慰他，減少他的自責，讓他明白這一切並不全然是他造成的，也不是他可以掌握的。自責改變不了什麼，也找不出他所需要的「空間」。

「怎麼做呢？」他問。

「我也不確定，但我確定的是這兩個女人都愛著你。或許是你以前逃離你母親逃得太遠了，**如果你能讓她知道你對她的關心，讓她安心，空間就能慢慢釋放出來了。**」

「真羨慕貓，心情不好時躲起來不理人就好，不會說話，也沒人要你說話。就算嫌棄你，還是心甘情願地疼你。」他嘆了口氣說。

「哈哈！那等花花找回來，你再好好請教牠。」

關係修復的開始

他們沒提，是母親自己發現屋裡少了貓叫聲而問起。

從小到大，這還是他第一次主動跟母親多聊了一些心裡話——關於妻子對貓不見了的失落，還有他們幾次小產的哀傷。

母親眼眶一紅，不捨地說：「唉！你們都沒講。其實我在懷你之前也落胎好幾次，我懂那種感受。她最近一定很難受……」

沒想到過了幾天之後，母親竟將花花抱了回來！她說貓很聰明，一定往有吃的地方跑，她就到附近的菜市場拜託認識的攤販一起找，沒幾天就找到了。

「老婆有沒有很驚訝？」我問。

「有啊！花花竟然乖乖地讓我媽抱回來欸！我太太哭著跟我媽說謝謝，還說了一堆對不起的話。我媽抱著安慰她，跟她說，看她這麼愛貓，就知道她也會很愛我。我在旁邊傻眼，這些話我都說不出來。」

「所以是貓救了你？」我笑問。

「我以後會對牠好一點的。」他如釋重負地笑著。

◇◇◇◇◇◇◇◇◇◇◇◇◇◇◇◇◇◇◇◇◇◇◇◇◇◇

愛的領悟

一旦靠太近，什麼都被碰傷或磨損，不小心就跨了界，結果給予變成索求，付出都變成入侵。

如果，能拉開一些距離、保有一些空間，關心才給得出去，愛也才能被看見、被保存。

◇◇◇◇◇◇◇◇◇◇◇◇◇◇◇◇◇◇◇◇◇◇◇◇◇◇

寄居男人
——他追尋的是一份愛的安全感

能找到寄居蟹的海灘很少了，因為要找到殼棲身是愈來愈難了。

我曾見過牠脆弱的模樣，那是一個生命最完整而真實的模樣。

小時候，曾趁寄居蟹鬆懈探出殼時，捏住牠的上身想將牠扯出，不料，小小的寄居蟹硬是牢牢勾著殼，始終頑強地不願與殼分離。我的邪惡也頑強，索性拿石頭將殼敲碎，殘忍地毀了牠的屋。受驚嚇的寄居蟹縮進深處，但屋子毀了，怎麼後退也無處躲藏，牠柔軟脆弱的腹部裸了出來，我這才看清，原來寄居蟹隱藏的腹部末端有根倒鉤，藉以抓緊殼的深處。

或許正是因為脆弱，所以才展現了頑強的力量。
如同我所遇見的他。

向前一步，更貼近彼此

因為怕被心愛的人推開

「我覺得自己像一隻找不到殼的寄居蟹……」他的語氣透著不安與脆弱。這陣子，他對於「找殼」的事很苦惱，因為岳父要他搬出去，話說得難聽：該長大了，別再寄居在別人家裡。

還在襁褓時，父母離異，他是爺爺奶奶帶大的。但老人家在他念大學時相繼過世，從此他覺得自己再沒親人，直到妻子走近身邊，給了他親人般的溫暖。

畢業典禮的照片中，他沒有家人，只有當時還是女友的妻子——以及她的父母。女友帶著甜笑緊緊依偎著他，但她父親的臉卻彷彿壓抑著不悅，不情願地擠出苦笑。

「就連我們結婚時的合照也是如此。」提及往事，他不禁也露出一抹苦笑。

岳父是一位成功的企業家，高大、威嚴，同時也是強悍的丈夫和父親。無論公司或家裡，凡事都須經岳父首肯及安排，沒有人可以逃脫掌控，除了一直備受呵護的獨生女。

岳父將女兒捧在手心上寵愛，卻不敢用力，彷彿一不小心就會將她弄傷。

其實這脆弱不是女兒的，而是做父親的將自己內心的脆弱全部投射到了女兒身上。傳統的大男人經常如此：頂著硬邦邦的外殼，不懂如何溫柔地靠近心愛的人，只好保持著距離，深怕一不小心便害對方受了傷。

於是，做父親的幾乎未曾拒絕過女兒的要求，好像一旦拒絕了，自己就會被推開。順女兒的意，答應了男朋友的存在、答應參加畢業典禮、答應合照……直到「結婚」這件事，他看得出岳父再也笑不出來，遲遲無法點頭，手也不知不覺握得更緊。

岳父擔憂像他這樣從小缺少愛的人，要怎麼給出愛？更現實的是這個一無所有的男人，要怎麼給自己的寶貝女兒一個遮風避雨的家？

「要怎麼讓我岳父明白呢？我真的很愛她！就算我一無所有，我也會掏空自己去愛她……」

他的確渴望愛，但也不吝於給予愛。只不過，用掏空的方式去愛，他愛得毫無信心，愛得卑微而疲憊。

但妻子終究堅持著她的選擇。

岳父掌握不住女兒，只能想辦法將女婿緊抓在手心裡。他聽話地辭去了原本的工作，到岳父的公司裡從頭做起，並且跟妻子住在娘家。而結婚除了一張合照外，不可告人般地，什麼也沒有。

岳父霸道地替婚後的妻子準備了一座城堡，將妻子與他一同軟禁，而城裡唯一的國王仍是岳父。

創傷與自卑，扭曲了對「家」的想像

過去的創傷與自卑，讓他對「家」的想像扭曲了。對他而言，家像是一種易碎的奢侈品，他強烈地渴望，卻又強烈地覺得不真實，好似自己沒有能力去保護、也不配擁有一個穩定的家。

所以當有人願意給他一個家時，他一點猶豫也不敢有，只怕沒抓緊就永遠溜走了。

「所有條件我都可以答應，只要我太太願意，我也願代她去承擔岳父所有的憤怒！醫生，你能了解嗎？」他說得絕望卻堅定。

婚後，他終於有了可以遮風避雨的殼。但「家」依然是抽象的，不屬於自己，他必須不斷犧牲、縮小，放棄自己的需求，才能安穩地待在殼裡。

他在公司掛名經理，實際上卻只是岳父的司機兼高級祕書。岳父一開始就當面對他說過：「你現在還只是我的司機，不是我的女婿。」

他隨傳隨到，撐傘、洗車、跑腿，成天跟在岳父後頭撿拾瑣事，還有陰晴不定的情緒。公司的員工常在他背後訕笑，有人還會故意揶揄：「經理，怎麼有空自己洗車？」他沒將這些告訴妻子，全都無聲地承擔下來。他以為這樣的愛，是留在妻子身旁的唯一方式。

「你不要覺得委屈，我當年也是一無所有，這個家是我一磚一瓦親手砌起來的。」躺在後座的岳父像隻飽食後的雄獅，用警告的語氣宣示地位。

他直視前方，不敢從後視鏡看岳父，脖子上的領帶束得更緊了。「爸，我知道，我很感謝您給我這個機會。」

「沒磨過，怎麼知道你是不是這個料？要配得上我女兒的男人，不是那麼簡單。」

他心裡有數，家裡頭只能有一個男人，而在岳父眼裡，他還不算是個男人。

「輕視」與「被輕視」是不斷催化的循環

忍受輕視像是被獅子一口一口撕咬，但矛盾的是，他也輕視著自己。「輕視」與「被輕視」就像是一種不斷催化的循環：他低著頭來到傲然睥睨的岳父面前，岳父辨識出那份自卑，而他也接受了迎面而來的輕蔑。無形中，所有的言語姿態，都在讓這樣的認同加速蔓延生根，凝固定型。

他更自卑，而岳父更驕傲蠻橫。

他的話愈來愈少，笑容愈來愈僵硬，身體也縮得愈來愈小。綁在岳父身旁的時間比陪伴妻子還多，每次見到妻子寂寞的眼神，他都覺得虧欠且自責。

「我怎麼還有資格抱怨？那時為了嫁給我，我太太犧牲太多了。沒有白紗、沒有婚宴，她甚至連爸爸的祝福都沒有！是我配不上她啊，太委屈她了……這一切都是我自己造成的，與我岳父無關。」他低著頭說。

所以，他只能繼續犧牲、忍耐，才能挖空自己，給出更多的愛。

直到，妻子懷孕了。

岳父沒有任何表示，家裡的氣氛變得緊繃，彷彿某種默契或平衡被破壞了。

沒有家的男人

有一天，岳父喝醉了，搖搖晃晃走出酒店門口就吐了，他趕緊上前攙扶，忍不住勸說：「爸，以後別喝那麼多了。」

岳父恨恨地抬頭瞪他：「什麼時候輪到你來管我？」

他沒多想便回：「我不敢管您，我只是想說您都要當外公了，要好好照顧身體。」

「啪！」岳父冷不防甩了他一巴掌，漲紅著臉大罵：「你說什麼？外公？我還沒說我孫子要跟你姓！」

他反射地推開岳父，脫口而出：「那是我孩子，不歸你管！」他第一次像個男人地反抗。

岳父被他的憤怒嚇到，愣了一會才冷冷地笑：「有氣魄，明天不用來公司了，還有，趕快給我滾出我家！」

岳父轉身招了計程車就走。

那天晚上，他開著車遊蕩了一夜，不敢回家。

他也沒有家。

失去愛的恐懼，他無處傾訴

去哪裡找殼呢？

他買不起房子，租金又貴，何況除了尋找新的住處，他也得重新找工作。

他茫然無措，像是被我用石頭敲碎殼的寄居蟹。

產檢的時候，妻子看著超音波螢幕上的微小光點開始搏動，望著他露出了幸福的笑容。

但他卻開始害怕，沒了遮風避雨的殼，幸福微光彷彿隨時都要熄滅。

這些恐懼，他不敢跟任何人說。

婆媳紛爭說出去，多少還會有人嘆息抱屈，但岳婿間的委屈恐怕只會引來嘲笑，說是他自己不爭氣，得了便宜還賣乖。

社會的目光嵌著銳利的偏見，男人被賦予權力，也被要求擁有權力。戰敗的獅子、羽毛黯淡的孔雀或搶奪不到殼的寄居蟹，就只能乖乖認輸退場，才不會繼續被咬得遍體鱗傷。

因此，他只能來到診間跟我說。

傾聽妻子的聲音

但我在耳畔的歷歷述說中，聽見了岳父的怒吼，也聽見了他的哀號，**卻幾乎聽不到「妻子」的聲音。**

他愛的那個人好像不夠真實。他不斷給出愛，卻彷彿看不清她。某些方面，他單向的愛似乎跟岳父一樣霸道。

婚姻總是因各自的原生家庭而變得複雜。累世的風雨、紛雜的耳語，讓我們遺忘了最初也最根本的連結，還是在於「夫妻之間」。愛始於此，力量也生於此。因此，**所有的困難，都要試著回到彼此的陪伴與愛裡來溝通、面對**，獨自面對傷口是難以痊癒的。

所以，重要的不是跟我說，也不是聽我怎麼說……

「妻子會怎麼說呢？」我問。

我請他轉身面對妻子，傾聽妻子的聲音，他才不會繼續陷在自己扭曲的想像與耗竭的愛裡。

缺憾，使人遺忘了事物的本質

我們常因曾有的缺憾，而對某些事物過度在乎，卻遺忘了它的本質。也因曾被剝奪，而在某些事物面前顯得過度渺小，好似這種剝奪是應該的、注定的，是源自於我們自身的過錯與命運。

但是，沒有人是注定不能擁有什麼的。

他誤解了家的本質，不相信**即使一無所有，也值得被愛**。為了維繫一個表面的家，他用罪惡感驅使自己、以犧牲來定義愛，但空殼終究易碎，一味給予的愛也耗竭殆盡。家不是只有一個人的。

其實，「愛」才是家的基礎。家不像寄居蟹的殼，並非一個可以具體觸摸到、放在手心秤重的東西。家，是一種安全的歸屬感，是家人間的愛意凝聚、滋長的地方，條件無法交換，物質也不能定義。

「如果你一無所有，你老婆為什麼要嫁給你？」我問。

「我不知道。」他搖搖頭。

「相信我，你老婆知道。」

我真的相信，因為他是那麼地一無所有。

我真的相信，相信他的妻子，也相信他。

關係修復的開始

妻子先跟他提要搬出去的事，她臉上的淚水已拭去，但剛哭過的眼睛仍是腫的。

「為什麼要嫁給我呢？」他不捨地問。

「因為你很溫柔、盡責，你給了我家的感覺。」妻子一個字一個字，說得堅定。

「你不是已經有一個完美的家了？」

「那是我出生和養育我的家，但不是『我們』的家。」

「家的感覺是什麼？」他問。

「我可以相信你的愛。」她說。

「你怎麼能確定？」他低下頭，顫抖著啜泣。

「你為我做了什麼，我都知道……」

他們擁在一起，還有肚裡的孩子。

愛的領悟

因為失去，所以珍惜。最在乎的，也必然是我們會盡全力守護的。

或許就像寄居蟹尾部的倒鉤，脆弱裡頭的堅韌才是真正的力量，那是對家的愛，剝奪不了的愛。

嗜甜的男人

——外遇成習，只因他不成熟的自戀

「我外遇了。」

第一次在診間見面，未等我開口，他便深鎖著眉頭坦承了一切。

那坦承充滿了苦惱，卻不卑弱，反而展露了自信，彷彿還擁有力量掌控一切，只是矛盾與迷惘讓他不知該往哪個方向施力。

他是咖啡店老闆，瘦高的身形搭了白淨的T恤、深黑牛仔褲，戴著黑圓膠框眼鏡，還蓄了點山羊鬍，一副以詩佐咖啡的文青樣貌。

他繼續緩緩說著他的故事，像是聚光燈下的獨白，要所有人都安靜地聽著。

結婚十年了，四十歲的他，已是兩個小孩的父親，但那軀體與眼神依然充滿魅力，彷彿可以違逆時間和地心引力，讓人飛起。

他也的確讓許多人飛進了一段段踏不著地的關係裡。

向前一步，更貼近彼此

不斷重複的外遇

五年前，他毅然辭去遲遲無法晉升的大學講師工作，投入了咖啡店的夢想。

一開始，只是巷弄內一間容納四、五人，小小窗台似的店鋪，但憑藉他的自信、熱情與魅力，很快棲滿了聞香而來的人群。

咖啡店的名字，叫「遇見」。

「其實不是遇見，是你必然將被香氣吸引而來，那是預見，是宿命，是這美好的咖啡註定要被品嚐，而我註定要為美好的你獻上這杯咖啡。」

他總是這樣對人說，用征服的笑容，不容辯駁地。

孩子大了些後，他說服妻子一同投入咖啡店，他們搬到更大的店鋪，遇見了更多的人。然而好一陣子，咖啡香氣的散播似乎到了極限，店裡的生意穩定，卻沒有成長。

妻子覺得這樣就足夠了，與丈夫共同成就小小的夢想就足夠滿足了，但穩定對他而言卻是停滯，令他感到失落又煩躁。

「我要離開一陣子，去南部找更好的咖啡豆。」毫無討論，他便如此片面地告知妻子。

「為什麼？這麼突然……你都沒說……」突然被拋下的妻子，充滿了錯愕與傷心。

「說了你也不會懂。」他不耐煩地不想多做解釋。

「對！我就是不懂！」

妻子因無法理解丈夫而不安，他也憤怒地指責妻子無法理解他的理想與苦心，永遠只有反對與阻擋。爭吵比當初他要離開教職更劇烈，最後如往常一樣，妻子躲進了沉默裡，而他也繼續一意孤行。

店裡，他的氣味逐漸淡了，只有電話那頭傳來他遙遠的聲音，還有包裹寄來的「更好的」咖啡豆。妻子被迫成了孤獨的主人，每天繼續遇見來去的客人，卻遇不見丈夫。

然而，他遇見了妻子之外的女人。

「她是咖啡農場老闆的女兒。第一眼看到她美麗的眼睛我就曉得了，那種感覺，躲都躲不掉……」那正是他所渴望的，也唯有他才可以占有的眼睛。

他對咖啡的熱情與知性深深吸引了她，而她也以崇拜又迷戀的眼神回贈於他。他們因咖啡而相遇、外遇，也因對咖啡同樣的著迷而相信彼此的遇見是命定且遲來的。

「其實，這不是我第一次外遇……」他用感傷的語氣說，而不是愧疚。

難以戒除的癮

「外遇」，一個美麗的巧稱，彷若家門外一段不期不待的相遇，這種偶然與巧合，讓人想起電影《愛情，不用翻譯》（Lost in Translation）裡兩具寂寞靈魂的純真巧遇，連最後那意味深長的擁抱與吻別，都潔淨得令人同情。

其實，英文片名裡沒有愛情，只有「失落」（Lost）。那失落的是什麼？是未竟的愛情？迷失的自我？還是無盡的、永不滿足的孤單與欲求？

外遇實現了欲望的交融和滿足，也滿足了不安定靈魂的渴求。**意外的邂逅往往從不是「意外」**，小小的誘惑只是輕敲了門，給了一直想奪門而出的欲望一個暗號與理由。

所以，**欲望的衝動、自戀的不滿足，還有對於「愛」華麗卻貧乏的想像**，讓外遇成了一種習慣，一種難以戒除的癮。

就像重演的劇本，每當生活遇見瓶頸，他與妻子的關係就會陷入緊繃。他將所有的失意都丟入了婚姻裡，若妻子不能安撫他的情緒、順應他的需求，他便會控訴她的冷漠與背棄，然後向外尋求滿足。

「你真的愛我嗎？如果你愛我，就應該明白我的痛苦，應該支持我的決定啊！」

在大學升遷受阻時便是如此，那時他與他的學生外遇。

剛開立咖啡店的時候也是，妻子甚至不清楚外遇的對象是誰。

而最終妻子都原諒了他，但她總替丈夫擔憂著，因為愛、因為牽掛，而無法像個無知的小女孩無憂無慮地仰望著他。

「我太太說，她不明白為什麼已經原諒我那麼多次了，我卻還是那麼自私。我也不明白啊……一次一次我都帶著誠意回去了，為什麼她還是那麼疏遠？」

十年的婚姻像一只反覆碎裂的杯子，只靠妻子用原諒拼回，裂縫依舊，什麼也裝不了。妻子心中有傷，而他心中有空洞，然而兩人都有如「黑咖啡」，既看不透彼此，也難以輕易入口。

想像的愛戀終究不敵現實，農場女兒給予的愛很快就不能滿足他。他再一次回來了，用他一貫的真誠向妻子道歉、坦承。

妻子又為他打開了門，但這一回沒打開心，她待在深不可測的沉默裡，甚至連一滴眼淚也沒在他面前流。

所以他才苦惱地出現在我診間，因為妻子的原諒太過冷淡，稀釋了他的存在感，也帶給他困惑。

「醫生，你幫我開個安眠藥就好，讓我好好睡一覺，我人都回來了，也都坦承、道歉了，我想事情會過去的。」他依舊沒想要改變什麼，對於慣常的外遇，或是那個看不透的自己。

「但……過去了，或許還會再來啊……」我試著提醒他。

「再來，就再說吧！」他用一種堅定的笑容切斷了談話，一種不容置喙的笑容。

道歉很容易，**要認清自己終究很難啊**。

自戀的男人

其實，他的言行與姿態透露了強烈的**「自戀」——他渴求被愛，卻只能「愛自己」**。他不斷在尋找關係，卻沒能跟人維持穩定的關係。而自戀的他一直以「自我中心」的想法在保護自己、溺愛自己。

他自覺盡力了，但在妻子眼中始終**沒被看見、沒被肯定，也沒能被愛。愛情不該是這個樣子的，沒有熱、沒有甜，像冷掉的黑咖啡！**

生活的壓力、妻子的冷淡、靈魂的孤寂，還有種種看似無辜又無能為力的理由，總讓他不由得又生起對愛情的甜美想像，於是他縱容自己、原諒自己，外遇縱然有錯，也是情非得已的宣洩、抗議與逃脫。

「我只是忠於自己，應該改變的是我太太才對。」我想起另一個男人曾這樣說過。**自戀的人，總是把自己與自己的需求過度美化。**美得像糖，甜得可以覆蓋任何的苦、滿足任何空虛。

「愛」其實是很複雜的，除了性與浪漫之外，有些部分像是友情，有些部分則像是親情。**真實的愛，應如一杯純粹的黑咖啡，毫不華麗，卻有豐富的層次，帶著香氣、苦、酸與淡淡的甘甜。**

他貪戀的「浪漫愛」像是愛裡的糖，帶來了瞬間的滿足，卻也導致更深的不滿足。而這正是未能成熟的自戀，讓愛裡其他的味道被忽略了，只有糖能滿足他的癮。

自體心理學家海恩茲．柯胡特（Heinz Kohut）認為，人的一生為了滿足自戀的需求，總在尋找三種客體（他人）：「**鏡映**」、「**理想化**」與「**雙生**」。「**鏡映**」即

能像鏡子反映出自己，時時關注、回應並全然理解自己的人。「**理想化**」是完美並能因此證明自己價值的人。「**雙生**」則是與自己相似、契合，足以化解靈魂孤寂的人。

在婚姻的現實中，妻子不再如戀人般時時投以溫柔目光、不再完美，也不再如複製的影子般跟隨。於是鏡子碎裂了，理想幻滅了，男人陷入孤寂，看不見自己被愛的樣子，也感受不到自己的存在。

而外遇的美好，不正是填補了這樣的失落？

熱戀中的眼神是最溫柔而專注的，外遇關係也很容易被理想化，彷彿是最真的愛、最完美的戀人，因此超越了誓言也說服了罪惡感。關係中的戀人必然是與自己相似的，才願意冒險跳脫束縛，享受外遇的快感。

但持續向外在索求這樣的滿足終究要落空。**而成熟，便是能明白並接受這樣的挫折，學習從內在撫慰且安定自己，內化那樣的滿足。**

愛的成熟，亦是如此。

真實的妻子是平凡的、獨立的，會疲倦，會闔上眼，有著自己的美麗與哀傷。無論她如何給予愛，也不可能徹底滿足對方自戀的想像與需求。

然而，這些需求是不可能全然被放棄的，它們還是會存在，觸動著我們向他人探索的欲望，維繫著我們有些幼稚的自尊，如淡淡的甜，在苦與酸之中，隱微地帶來滿足。

成熟的自體是能適應現實、調整自戀，**在「愛人」與「愛自己」之間找到平衡，如此才能與他人維繫穩定的關係。**即使不是二十四小時被注視著，也能夠感受「被愛」，就像鏡子模糊時，也能夠看見自己。即使完美並不存在，即使歧異總是發生，但彼此的努力、尊重、溝通與包容能讓兩人間的關係足夠美麗，體驗相異帶來的驚喜與豐富，而不致漸行漸遠。

不斷陷入外遇的他，彷彿仍停留在全然自戀裡的孩子，迷戀著糖，迷戀著甜美的浪漫。

我不禁想像，如果他能收回一些自戀，給出一些愛，妻子或許不會那麼挫折、疲憊，也就能再生出一些愛回應給他，滿足他自戀底下的脆弱自尊。那麼兩人彼此的失落與孤單，或許就能少些。

沉靜下來，才能嚐到真正的甜

沒有幾個月，討不到愛的他又跟農場女兒死灰復燃，這次還幫她在山上開了間咖啡店。但時間很快就將熱戀的甜度沖淡，女孩與沉默的妻子不同，嘶吼著將他趕出去。

這次再回到咖啡店裡，他發現妻子的冷漠裡多了堅決。而咖啡店也彷彿是妻子獨有的，大家喚她「老闆」而非老闆娘，她也熱情又滿足地回應。他成了多餘的過客。打烊後，妻子端上一杯溢滿果香的黑咖啡。他啜了一口，各種味道如海潮一層層拍打上來，豐富而寧靜。

曾幾何時，妻子的咖啡竟有了這麼令人滿足的味道！他帶著疑惑望向妻子。

「這杯咖啡叫『回味』。」

妻子的眼裡卻沒有任何疑惑。

「其實也沒什麼特別的，這是我們剛開店就用的咖啡豆，我只是用你當初教我的方式烘焙、沖泡，是你自己忘了，太久沒喝我泡的咖啡。」

妻子停頓了一下，繼續說：

「這是最後一杯了，不過也無所謂了，反正你喝完了很快又會忘掉，就像以前那樣……但我不會再忘了。」

味道停留在嘴裡，他想起過去那些艱難的日子：孩子出世，職場鬥爭，薪水微薄，舉債開了咖啡店，與妻子爭吵又復合……**各種酸苦一一浮現，最後是藏在底下，要沉靜下來才能嚐到的甜。**但來不及了。

關係修復的開始

最後一次來診間，他自嘲說：「我太太跟我提離婚了，呵呵，我的努力還是不夠啊！」妻子想走出這段虛假的婚姻，去面對現實了。那他呢？

我想，他會繼續去尋找愛情吧，但如果他持續追逐著那些自戀的想像，無法回到現實，那他將永遠無法領悟什麼是真實的愛，也將永遠無法從中獲得滿足。他永遠只是個迷戀糖的男孩，在不斷循環的想像與失落中，被單一的味道囚禁了。

愛的領悟

苦，是成熟的滋味，但咖啡不是只有苦，黑色的汁液裡，還有更多複雜、細膩、豐富的滋味。

而成熟，也不是只有苦，而是能領略其他那些難以言喻的滋味。於是，糖變成是多餘的了。

木炭男人
——他以為燃燒自己是愛，卻沒有自信的光芒

失戀是痛苦的，尤其是對於那些用愛情來定義生命的人，即使未曾開始便結束的單戀也是。

我們很難不用「被愛」或「被喜歡」來肯定自己的價值。那些眼神就像陽光照射在我們身上，將我們從孤獨的黑暗中拯救出來；就像溫柔暖和的棉花將我們填滿，使我們不再空虛，不再像一具沒人要的填充娃娃。

存在主義大師羅洛・梅在《愛與意志》書中說：「愛戀讓我們暫時克服了孤獨的狀態，提供了對自我的確認，也豐富了我們自身。」是啊！有什麼能比從自己傾慕的人身

上獲得一眼關愛更耀眼、更飽滿？那一眼，彷彿獨占了所有的光芒，給予了所有的重量，一旦闔上，世界又是一片黑暗闃寂，飄浮無依。

可以想像，倘若自己無法綻放光芒，將會有多麼渴求依賴愛情啊！但這樣的依賴恐怕太脆弱了，一旦愛情落空，唯一的光熄滅，世界便陷入絕望的黑暗之中。

「你希望我留下嗎？」就像他始終沒有信心回答這個問題，他覺得自己的幸福光芒永遠熄滅了。

向前一步，更貼近彼此

蒐集「好人卡」的男孩

嚴格來說，他從未進入一段相互認可、彼此流動的愛戀關係裡。一直以來，他都只是一個最可靠也最親近的陪伴者，單向地給出他的愛，即使對方從未收下。

他貼心、細膩又溫柔，女孩們很難不喜歡他，但那僅止於「朋友」的喜歡。他們一同吃飯、出遊、看電影，如情侶般生活，但沒有愛情。他也沒辦法不喜歡這些女孩，一旦靠近，就會被愛情的想像擄獲而願意無聲陪伴，無盡等待。只要女孩溫柔地笑，他的希望便能在熄滅後又亮起，如星光掠過眼前。

他總以為付出更多的愛，更好、更溫柔，就能留住女孩眼裡的光了吧！

於是他安靜地聆聽、陪伴。她們可以安心地在他面前喝醉、哭泣，將內心的祕密寄放在他心裡，將最深最深的傷痕都在他面前攤開，裸露出來。

他很容易就能明白這些傷心。或許是因為善感，也或許是因為他內心裡也藏著類似的傷痕，被忽略、被拒絕、被誤會、被遠遠拋棄……他是如此地熟悉，聽著也覺得痛。

就像木炭，他在女孩身邊無聲燃燒著，慢慢將淚水烘乾，把皺巴巴的心撫平，再還給她們，然後靜靜地繼續待在那個最值得信任的「朋友」位置，什麼也不敢多拿。然後總是什麼也沒等到、什麼也沒拿回來，光愈離愈遠，愈來愈細微短暫……

從高中到大學，一次又一次，他始終都還是那個被喜愛的「朋友」，但漸漸與她們的燦爛愛情無關，只有傷心時，留在黑暗裡的他才會被想起。這反覆的模式像一再重演的劇本：幕起時他是不變的男主角，最後卻成為配角，早早謝幕離場。而每個女孩總會衷心地感謝他：

「謝謝你，讓我知道我可以擁有幸福。」
「有你這樣關心我，我會努力珍惜一切的。」
「你真的很好，真的！」

他在冬天寒冷時燃燒自己，送來溫暖，而雪融了，女孩便獨自去尋找春天，在別人的愛戀裡綻放。

「什麼暖男？不就只是塊木炭嗎？」他自嘲地說。燃燒後的餘燼，一點光芒也沒有。

感情的禮物要如何拆封？

但這次有些不一樣——這不是他第一回失戀，卻是他最接近戀愛的一次。

她是日本來的交換學生，父親是台灣人，母親是日本人。初來乍到，人生地不熟，他成為負責照顧她的學長。

女孩皮膚白皙容易臉紅，說著有腔調的中文更顯可愛。他細心地陪伴並接送她，導覽校園、城市，還有他心中收藏的美麗。不知不覺，他又開始燃燒自己，掉入愛戀的想像裡頭。

或許是日本女孩的溫柔，她每天為他準備便當，親手寫可愛的字條感謝。這只是禮貌嗎？還是回應呢？

他們愈靠愈近，他為她準備了專屬的安全帽，騎車時總小心地閃避地上的坑洞，女孩在後座輕輕摟住他的腰，有時偷藏一些巧克力在他口袋裡。

日子很快就到了盡頭，女孩該回日本了。

「你希望我留下嗎？」後座的女孩問他。

第一次有人這麼問，他卻不敢開口，像一份貴重的禮物讓他不敢收下拆封。

「我不知道，我希望你快樂就好。」他閃過積水，怕濺濕女孩的腳，繼續往黑夜裡騎去。女孩沒再開口。

離開前，女孩留了封信給他。

謝謝你，在台灣的日子很快樂。你是一個很好的人，給了我很多溫暖，陪我度過最寂寞的時刻。我必須承認，我真的喜歡上你了。可是，對不起，我一直等不到陽光……你很溫柔，卻也很憂傷，我總覺得你還沒準備好要讓我留下，所以我只好離開。

或許是我還不夠好，不能讓你快樂吧？我不知道，但如果我們不能彼此都感到幸福，那就還不是愛情吧？

記得照顧好你自己，希望有一天，我能看見你臉上的光芒。你說你希望我快樂，那麼對我來說，這將會是一件很重要的事情喔！

離開台灣的時候還在下著雨，讓我又想起你，但雨過總會天晴的。

女孩終究還是按照劇本演出，離開了他，但他不明白，其實一部分的劇本是他自己撰寫的。他想像愛戀，也想像失去，想像自己「只能」是一塊木炭。而這一次，幸福如此靠近，他卻還是無法掌握，這加深了他的想像，認為自己永遠留不住幸福了。

女孩們都要陽光男孩，而他只是木炭男孩。陽光閃耀地被仰望，給予花朵繽紛色彩，但木炭只有黑漆漆的溫暖，靠太近，還會染上一層黑。

在關係中，練習為自己發光

「你怎麼會想要過來？」我問。

「她希望我能夠快樂……」他低聲地說。

「那你呢？」

如果不是為了自己，那終究也只是劇本裡的討好。因為害怕失去，於是不斷地討好，但依然不相信自己能夠擁有，最終仍免不了失去。

「她們抱怨那些男生自私自大，但真正愛上的還不是那些男生，真傻！」他小心翼翼地抱怨著。

我想，怪罪那些女孩是沒有意義的，每個人對愛情的定義不同，對關係的界定也不同，是他一直逃避在自己的想像裡，**用討好去偽裝愛戀裡的付出**，而對現實視而不見。等到真實的愛情靠近了，他卻繼續躲在想像裡，扮演木炭。

「木炭」是他創造的角色，只有他自己能夠改寫劇本，讓他從同樣的情節與同樣的傷裡逃脫出來。

「那你喜歡怎樣的女生呢？」

他沉默很久，給了一個模糊的答案：「溫柔。」

其實他沒問過自己。

他喜歡過各式各樣的女孩，**但只是那種「被需要」的感覺讓他以為是喜歡。**他可以將自己放入任何形狀的容器裡，以為填滿了就能夠被保留。

這種愛人的方式，跟那些過度自戀的男孩一樣，都是自私的。「不接納給予」與

「不允許索求」同樣都令人窒息。

「在愛戀關係中，接納的能力亦是重要的。倘若我們不懂得接受，我們的給予對於伴侶而言，將有如一種操控。反之，若我們無法給予，不斷地接納只會讓自己逐漸空虛。」羅洛．梅這麼說。

不斷地順服、討好是空虛荒蕪的，像一個黑洞，把所有的光與養分都毫不留情地吞噬，卻依然沉寂、乾枯。

雖然看起來像是「給」，其實卻是「討」。無止境的深淵可以傾倒悲傷，但快樂也被取盡了，這樣相處久了，自然讓人疲倦、挫折得想逃。

「所以，你喜歡怎樣的女生呢？」我又再問。

「懂我的女生吧。」

「你不說，別人怎麼會懂？就像沒有光芒，要怎麼在黑暗中被尋著呢？」我又問。

「要怎樣才能有光芒？」

「當你需要你自己，就能為自己發光了吧！」

關係修復的開始

我們要先成為獨立的個體，才能夠去愛人，因為滋養自己，才能彼此滋養；穩固自己，才能彼此依靠。

自卑的人放棄需求，自戀的人則只在乎自己的需求，兩者都不是成熟的獨立。

真正成熟的獨立也代表了成熟的依賴，是能看見自己的需求、表達需求，同時又能理解需求終無法完全被滿足，願意接納這個現實，而不會因此否定自我。

將「被需要」當作唯一的需要，是一種無法獨立的依附。自我是空的，如何能被依靠？而給出去的，也必然是沒有生命、沒有光的。

愛一個沒有需求又沒有自我的人，就像是愛一個消失的人，沒有目標也沒有回應，宛如走在死寂的黑暗裡，是極其孤獨的。

「你希望我留下嗎？」女孩其實釋放了光，在等待另一束光的回應。流動的光，才是有生命的愛。

我們真正渴求的是一個不同於自身的獨立個體，神祕豐富，等待我們去接近探索。而愛是一種被共同創造且擁有的連結，讓我們彼此交融而不被吞噬，因此拓展了自我，並安頓了自我。

我會想像那像是一段**「相伴」的旅程**。我們踏著各自的步伐，卻因多了彼此的存在而有所不同，我們相互分享所見所感，有期盼與回應，也有需求和滿足，愛在其中流動生息著。旅途中，**對望的眼裡能閃爍光芒，即使走入黑暗也不會遺失對方**。而最終在那既是共享、也是私藏的記憶裡，總有雙發光的眼凝視著——那便是你我存在的證據。

愛的領悟

深海魚的光是為了捕食，螢火蟲的光是為了求偶。而或許太陽的光，也從來就不是為了照耀誰，只是為了成為太陽，成為自己。

感情裡重要的，或許不是誰照耀著誰，而是彼此的凝視間有足夠的光。

讓我能看見你，能夠愛你。

空氣男人
——他學不會表達自我，只能沉默順服

遠遠地發現走道上躺著一塊白，走近一看，原來是一只空藥袋，似乎出診間不久就被拋下了。竟然像丟開炸彈似的急著與自己的藥袋切割，這到底是怎樣的焦躁或恐懼？

恰巧，藥袋上的名字我認得，我彷彿看見他既厭惡又慌張地左顧右盼，然後裝作渾然不覺，放藥袋從手中溜走。

的確，對許多人來說，精神科是一個必須被遺忘的地方，最好連證據都要湮滅，所以他倉皇逃離現場，想忘得一乾二淨。

但我沒遺忘他，撿起了那只空藥袋。

向前一步，更貼近彼此

「自己」在哪裡？

他說話小小聲的，態度客氣到有點唯唯諾諾，駝著背撐不挺身上的西裝，頭髮跟皮鞋油亮，但沒有光芒。無論我問什麼，他都只是頻頻點頭，但不算真正在回應……怎麼說呢？更像是習慣性地應聲。

「怎樣的問題呢？」我問。

「呃……不好睡……」他說。

「大約多久了？」

「呃……多久喔？」他小聲地複誦我的問題，接著音訊全無。

「比如說，大約一個月？」我等不到回應，忍不住給了提示。

「嗯嗯……」他馬上點了點頭。

「還是更久？」我帶著疑惑繼續問。

「嗯，更久……」他又點了點頭。

「所以，你自己的感覺是大約多久呢？」我只好停下來等他，讓他帶領我走近問題，而不是跟著我跑，一起迷路。

一路如此，走走停停。我必須反覆詢問，甚至清楚地提高音量，他才會驚醒過來走個幾步，但他依然不知自己身在何處，接下來要往何處去。後來我才明白，他從診間、家裡到人生皆是如此。**不是找不到自己，就是完全沒有自己。**

放棄了聲音的人偶

「你覺得是什麼原因開始失眠呢？」

我換一個「填充題」，繼續嘗試。我們一向用開放性問句去探詢，是因為我們希望能讓個案主動發聲，陳述他心中的問題，而不是我們自以為的疑問。

他眼神飄移，同時不安地點著頭，不像在思考回答，反而期待著我給出指標。他希望我給他選擇題，甚至是非題就好。

他陷入了沉默，而這沉默正訴說著焦慮——是說不出口或者無話可說吧？我想。

「嗯……我的態度問題。」突然，他給了答案。

「怎麼說？」我訝異地問。

「我老婆說的。」

「老婆說的？」

「我老婆說我態度不對，面對壓力只想逃避，抗壓性不足，所以才會自尋煩惱而睡不著。」他低頭如犯錯的孩子。

「那你自己怎麼想呢？」

「應該也是這樣……」他由衷地認錯。

我看著他，像一具被操控的腹語人偶。**他到底是怎麼慢慢放棄了自己的聲音呢？**

唯一的想法是「順服」

外表不大像，但其實他是個保險業務員。

他最早是學餐飲的，當初跟著鄰居大哥去念，儘管舌頭不靈敏、刀功不俐落又沒特色，但照著食譜做菜，一路上規規矩矩的卻也沒出過差錯。畢業後便直接進了飯店工作，待人客氣、做事配合，永遠沒有雜音，雖然一直只是個小廚，他也沒啥怨言。

他的溫和、體貼吸引了當時在同一家飯店當服務生的她，沒多久兩人就在一起了。

「我們是不是該結婚了？」她問，而他順著走，沒意見。

「我想，我們不要那麼快生小孩，先把事業穩定再說。」妻子在婚後這麼說，他也沒意見。

在妻子鼓勵下，他四處應徵二廚、大廚的工作，幾乎石沉大海。有次終於有面試的機會，經理問他拿手菜是什麼，他支吾了半天，反問經理想吃什麼。經理搖了搖頭，跟他說：「我想吃的是『想法』。」

他停滯在小廚的層級，反而是妻子闖入保險業，業績扶搖直上。或許是因為妻子的活躍，他逐漸感受到壓力，以往那種自在的舒適感消失了。

「我告訴你，一直停滯不前會讓人失去鬥志的。你去考個證照，跟我一起拉保險吧！」妻子勸說他，他一如往常地沒意見。

他很努力地想跟上妻子，但無論他怎麼照著做，還是遠遠落後妻子。最後妻子只好分一些業績給他，重要的事太太決定，其他細瑣的服務才由他負責。

「你都怎麼跟客戶介紹？」我好奇地問。

「呃……要用積極的態度面對風險。」

「積極的態度？」

「就是不逃避、不忽視，反而走在它的前頭。風險是關於未來的事，而保險就是比未來更前頭的事。」他說得算流暢，但依然很小聲，絲毫沒有撼動未來的力量，遑論可以說服人的自信。

依賴的孩子與嚴厲的母親

雖然他的服務真的很好，但他幾乎沒有自己的客戶。自信萎縮了，**妻子巨大的陰影完全覆蓋了他**。不知不覺，他開始輾轉難眠。

「你喜歡做保險嗎？」我問。

「呃……還不錯，可以學習到很多東西。」

「但它似乎給你很大的壓力？」

「壓力可以讓我成長，我需要一些改變。面對壓力就像面對風險，做好準備，就不須害怕、不須焦慮。」他像隻鸚鵡說著。

聽著這些不像從他嘴巴說出的話，我不禁皺了眉頭，懷疑他真的說服得了自己嗎？

「你老婆知道你來看失眠嗎？」

他突然顯得更緊張了。「呃……她不知道。」

「你看起來有些擔心？」

「嗯……她……她不是很贊成。」他結巴地說。

「嗯，怎麼說？」

「她說吃藥不能改變我的態度，只是一種逃避，問題並沒有消失。」

是啊！問題並沒有消失。**他真正的壓力是妻子，那個不斷要求他面對，他卻不敢面對的妻子。**我明白他夜裡的煎熬，躺在巨大的妻子身旁，總讓他想起自己的渺小──他還不及格，必須改變態度、超越壓力，讓失眠消失才行。

「那你為什麼願意來？」

「呃……」他又下意識地縮起了頭，遁入沉默。

我知道我得不到答案，但至少他今天是憑著自己的意願來的，**儘管飄忽隱微，卻還是發出了一點自己的聲音。**

他是一個極其順服之人，但那種「順服」並不是自在安適，而是緊繃壓抑的。進入婚姻後，順服的習慣讓夫妻間的關係愈益傾斜：**有人沉默，有人就得放大音量；有人不回答，有人就得自問自答；有人放棄撤退，有人就得進入接管。**

他對事情總沒意見、沒想法、沒方向。妻子一開始還試著給選擇題、是非題，最後乾脆直接給他答案，他照著做，像是考了滿分，但其實統統繳了白卷。他氣餒，妻子失望，**兩人的關係更像依賴的孩子與嚴厲的母親**，加速失衡，卻也嵌得更緊。

「你今天願意來，就是積極面對問題的開始，回去可以再想想看，縱然老婆反對，你還是願意來的原因是什麼？或許那就是一個很重要的改變。」

除了安眠藥、抗焦慮劑，並衛教改善睡眠的知識，最後我仍不放棄地提醒並鼓勵他。他意識深處埋了一顆「種子」，我看見了，希望他也能看見，持續灌溉，等待破土而出。

「嗯，謝謝醫師。」他順服地點了點頭。

當憤怒破土而出

後來幾個月，他斷斷續續來了好幾次，每次都說睡得滿好、藥效不錯，其他避而不談。那天，他有些不自然地走進診間，刻意想把手藏起來。這笨拙的不協調感反而吸引了我的目光，發現他長袖底下纏繞的紗布。

「你的手還好嗎？」我擔憂地問。

「呃……還好。」

「發生了什麼事嗎？」

「呃……我有點忘記了。」他表情僵硬地回答。

「我只是有些擔心……」直覺告訴我，我們不會刻意迴避或隱瞞一件已消失於記憶中的事。

「好像是……手打破玻璃窗。」他多說了一些。

「嗯……？」我抓緊機會，不放棄等待。

他猶疑了一會，尷尬地說：「就不小心有點生氣……」

那天老婆電話一打來就激動地責備他，說他怎麼可以客戶要什麼就給什麼，這樣是欺騙自己，不負責任。「一個好的業務員不是去滿足客戶所有的要求，而是要主動去發現客戶自己不知道的需求！你懂不懂啊？」

他聽著雖然有些委屈，但還忍耐得住，畢竟這的確是他的問題。但接下來的那把火徹底引燃了他。老婆在電話裡吼著：「還有，你不要以為我不知道你在看精神科，吃安眠藥！我看到藥袋了，你還藏在衣櫃裡。你的態度呢？有安眠藥，就可以假裝一切都不存在是不是？騙我又騙自己，壓力就會不見嗎？太可笑了，**你根本就沒有想改變，沒有想負責，沒有想長大！**」

他忍住沒有回嘴，但右手忍不住重重搥破了玻璃窗，玻璃碎落一地，憤怒卻緊緊地還捏在拳頭裡，不覺得痛。

沒想到破土而出的是「憤怒」，但至少我知道他還有力量。只是，這力量應是拿來表達自己，而不是擊碎玻璃。

「你覺得……是什麼原因讓你那麼生氣呢？」

「呃……我自己情緒控制不好，態度還是需要調整。」他囁嚅著說。

眼前的他憤怒已熄滅了，那一瞬間的力量也消失無蹤。他自覺說得太多了，於是退得更遠、躲得更深。那顆種子，終究還是沒能發芽。但是，**隱藏起來就不存在了嗎？**

就像他問客戶的：人生的風險，真的要繼續視而不見嗎？

關係修復的開始

相隔幾週後，他又回到了診間。

他繫了一條全新的領帶，鮮黃緞面上印滿了笑臉。我的目光離不開那些複製的笑臉。

「你的領帶看起來很有精神。」
「謝謝，這是我老婆幫我選的，我很喜歡。」他臉上浮現了同樣的笑臉。
「後來老婆怎麼說呢？」
「嗯？」
「你看精神科的事。」
「呃……後來我跟她說我沒看了。」
我沒說什麼，明白了那空藥袋不能回家的苦衷。

愛的領悟

失衡的關係，大多不是單方面造成的。這些年來，或許妻子是在等待他開口的，但他依然選擇以沉默和微笑迴避任何可能的碰撞。為了繼續走在一塊，妻子只好伸手拉上他，不知不覺地卻掐住了他的喉嚨。這樣沒有對話的關係，是何其脆弱、何其陌生啊！總有一天還是會破碎的吧！或許是因他說不出口的自卑與憤怒，也或許是因妻子永遠只能自言自語的孤獨與疲憊。
於是，有人甩開了手，或有人鬆開了手。

公路男人
——他害怕選擇，只能茫然地高速前進

男人都是星期五晚上回診。

皺巴巴的襯衫、洗白的牛仔褲，與沉默的臉，頸上掛的識別證更蓄滿了一整個星期的疲憊。終於下班了，他撐著從台南開回高雄，直接來到診間。

那是我對他的第一印象。

「你每天開車往返高雄、台南通勤？」我好驚訝。

「還好啦，高速公路不塞車的話，不用一個小時就到了。我有個朋友住美國，每天上班都得花雙倍的時間呢！」他苦笑著說。

然而，因為睡眠被壓縮了，他必須更有效率地利用時間，將夜晚濃縮得更短、更沉、更黑。「我希望可以一躺床就睡，一覺到天亮，隔天起床馬上就有精神。」他明確地提出需求，像在會議上對部屬要求那般。

「我能給你一些短效的安眠藥，讓你比較快入睡，醒來比較不會昏昏沉沉的。但要像你期待的那樣拿捏剛剛好，就有點困難了，畢竟我們是人，不是機器。睡眠，不像開關切換那樣簡單。」

我指出他要求中的不合理，而這不合理，顯然來自於他對現實困境的迴避。

他嘆了口氣，彷彿引擎裡最後一點花火。

「好吧！只要能睡好一點就好。」

睡眠困境是因現實中遇到困境所導致的結果，而非困境本身。

除了睡眠被剝奪之外，他的時間被剝奪了、快樂被剝奪了，甚至連希望也被剝奪了。剝奪一空的臉上流露著毫無動力的哀傷，有如一輛再也發不動的車子。

「嗯……你曾想過，就不要去上班了嗎？」我問。

彷彿被猜中什麼一般，他抬起頭來，眼中泛起淚水。

「其實更嚴重……」他哽咽地說。

「嗯嗯。」我不是猜中，我只是「看見」了。**在男人傷痕累累的外殼底下，往往**

早已藏著支離破碎的靈魂。

「我曾想過，就離開算了。」他低聲說。

我點了點頭——不是離開工作，是離開這個世界，離開這個疲憊且哀傷的人生。

「因為真的很辛苦啊！」我不自覺地也嘆了口氣。

「不只是辛苦，我也不會講……」

「嗯嗯，是更複雜的感受吧？」

「醫師，我常在想，**我的人生就像在高速公路上一樣，只能一直開，不能慢下來。**路線規劃了，就是那樣，沒有選擇也沒有自由……」他顫抖地說著，如發不動的引擎在掙扎。

向前一步，更貼近彼此

他／她的未來，與他們的未來

研究所畢業後，他順利進入了北部一家頂尖的公司當工程師，工作雖繁重，但他態度認真、能力優秀，很快就脫穎而出獲得拔擢。感情上，則與相識多年的女友關係穩定，她是國小老師，跟男友一同告別了高雄的家人北上。

他還記得，那時的他像在高速公路上一路順暢地奔馳著，沒有煞車也沒有轉彎，只要繼續向未來前進就好。

三十歲時，他載上新婚的妻子繼續奔馳。一年後，妻子懷孕了，提出了回南部的想法，她想在家人的支持下給孩子最完整的照顧。

「我們再想想看吧！」他握緊方向盤維持高速，依然專注地看著前方。

產後，妻子請了育嬰假，全職照顧孩子，而他維持著早出晚歸的生活。他認為自己最重要且唯一的責任，就是帶著全家人，加速駛向更遠、更明亮的未來。

但那只是他的未來，並不是他妻子的。一成不變的風景與沒有喘息的高速奔馳，讓她覺得被生活困住了。

「你不想回高雄，那我就自己回去！」她發出了最後通牒。

男人看起來很委屈。

「她說，我眼中都只有工作，不明白她的孤單與無助，如果我不能做出決定，她必須為自己跟孩子先做出決定。但她真的不明白……」

妻子先下了車，帶著孩子回娘家。車裡只剩他一個人，還有滿滿的孤單與無助。他被迫做出選擇，向公司請調至南科廠區，開始了高速公路往返高雄、台南的通勤日子。

「在家庭與工作之間，只有犧牲妥協，從來沒有平衡這種事情。」他失望地說。

妻子的抱怨減少了，但夫妻之間的相處與對話並沒有增多，男人日復一日，年復一年，始終孤單地在高速公路上駛著。兩年後，小女兒出生，他的負荷更重了，卻仍無助地看不到目的地在哪裡。

父親節，孩子畫了張全家開車出遊的圖貼在家門上，每個人臉上不成比例的大嘴開心地笑著。一晚，他照常在深夜回到家，車子熄火後，悄然無聲，出遊的圖畫靜靜地停在門上，突然，**他驚覺自己好久沒聽見妻子與孩子的笑聲了。**

因為努力掙扎過，才會受傷

南部的發展機會很少，讓他在工作上遇到了瓶頸。幾次放棄晉升回北部的選擇時，心中不自覺生出了對婚姻的悔恨，但疲憊地回家後，看見妻子陪著孩子睡著的滿足神情，心中又是滿滿的愧疚。

家是一個歸屬，讓工作獲得意義；而工作帶來價值，讓家庭獲得支撐。但如今在他心裡，家庭阻礙了工作，工作又剝奪了家庭。他怨恨現實困住了自己，又自責無能脫困，只能充滿矛盾地繼續獨自行駛在高速公路上。

工作與家庭的矛盾、付出與需求的矛盾、愛與恨的矛盾……太多的矛盾，讓男人不敢相信自己有能力也有資格，做出任何正確的選擇。

「我應該厭惡開車的，但矛盾的是，我還滿享受那短暫的一人時光。聽自己喜歡的音樂，不用勉強跟任何人說話，家庭、工作都不在車上，我好像真的回到一個人的世界，可以拋下一切。這種感覺可能只是一種自我安慰吧？事實上，我正在回家或工作的路上。唉！或許我就只是在抱怨而已。」他其實充滿了罪惡感。

「我們永遠都有矛盾。**因為矛盾，我們才需要做出選擇；也因為我們正嘗試選擇，才會遭遇矛盾。**我不覺得你只是在抱怨，你是在努力尋找自己的選擇。」我不僅僅是在安慰他，而是我看見了那些努力掙扎的傷痕。

「真的可以嗎？」他茫然地問。

好幾次在上交流道前，他想著不去工作也不回家，就那樣掉頭南行，但五年了，日復一日，始終沒有逃脫。最絕望的時候，他甚至想乾脆就放開方向盤，放開一切！

其實，他還真的賭過一次——閉上眼睛，腳踩油門，世界只剩心跳……但他彷彿聽見妻兒的笑聲，猛然張開眼，又回到了陽光底下，自己仍身處不斷前進的車流中。

後來他打電話回家，背景裡是兩個孩子的爭吵聲，妻子不耐地問他到底要做啥，他說沒事，掛斷了電話，躲在公司廁所哭了好久。

出於愛的選擇

「上了高速公路，就不能輕易下去了，除了踩油門，我們好像沒得選擇，除非拋錨或發生意外……」他說。

在無能為力的困境與憂鬱之間的反覆循環中，他耗盡了油料。

「其實你可以做出選擇的。在上高速公路的那一瞬間，我們就做了選擇，不是嗎？只是順著往前走真的輕鬆許多，**於是我們害怕再一次選擇，即便有疑惑也會變得猶豫不決。**」我說。

是啊！我們曾經充滿期待且無懼地做出抉擇，只是歷經現實磨損與時光沖刷而漸漸遺忘了初衷，彷彿那選擇是錯誤的，於是，我們推翻自己、指責自己，陷入對抗自我的矛盾與悔恨之中。

然而不是我們在變，是生命在變，人生的目的地本是難以預料的。

任何一刻的抉擇，若是真誠勇敢的，便無須悔恨吧！而**若能想起當初懷抱的情感，如今的矛盾也就能被理解、被寬容善待了。**連同那個受了傷的自己，也應被寬容善待。

「醫師，你也會猶豫嗎？」他問。

「會啊，我也有我的矛盾啊！選擇總是艱難的，但我相信你能做出選擇的。只要你**沒有停止疑惑，慢慢地便能更清楚自己最珍惜的是什麼。現在困住你的，只是那種『自己完全無能為力』的想像。**」

「嗯？」

「如果不去害怕選擇的結果，我們就不會放棄自己做選擇的力量，然後，或許也就不會困在無能為力的感覺中了。生命中永遠有矛盾，也永遠沒有完美的選擇，反過來想，任何選擇在當下都是足夠好的了。」

「很難不害怕啊……」

「你說的『高速公路』，真的下不去嗎？只要看清指標，就算下錯交流道又會怎樣？路還是相連的，還是能去到我們想去的地方，只是多繞了一些路，但也多看了一些風景。」

我想，**如果能不對過去的選擇悔恨，也就不會害怕再做出讓自己悔恨的選擇了，於是，便不會被這樣的恐懼困住了。**恐懼與速度，其實都是一種慣性。

「你的選擇一直是出於愛啊！所以你才會害怕，但也會因此而勇敢。」

關係修復的開始

幾個月後，他沒再回診了，這是他的選擇。

或許，他還做了其他選擇，也或許他的選擇仍不變。

記得他曾說，那天打回家的電話其實讓他感到安心。他知道有個地方一直在等待他回去，無論他開到多遠的地方。

一日黃昏，廣播裡傳來吳志寧替父親吳晟的詩〈負荷〉所譜的歌曲，我不禁跟著輕哼：「下班之後，便是黃昏了。偶爾，也望一望絢麗的晚霞……」

或許此時，他也正奔馳在路上，聽著一樣的歌，背負著一樣，最沉重，也是最甜蜜的負荷吧？

愛的領悟

愛裡頭是充滿矛盾的。

但也唯有愛，才能包容如此多而難解的矛盾。

迴轉壽司男人

——面對愛情，他始終舉棋不定

蔣君傳訊息給我，他失眠了。

他是我以前的同事，許久沒聯絡了，這次是在診間相見。

我一邊評估他失眠的樣貌，一邊追尋失眠的根源：是作息改變？咖啡因攝取過量？還是焦慮擾人？

聽起來，白天沉浸在工作中還好，但每到睡前，煩憂的事情就盤踞心頭，而夜深人靜，這煩憂更顯得清晰喧雜。

「什麼時候開始的呢？」我問。

他也不知道，只知道意識到的時候，他已經產生了無力感。煩憂太過沉重了。幾年前還是隱隱約約的，只在朋友的婚宴上會有些焦慮，回到一個人的生活時，又如往常一樣自在。

但這一年多來，一種陌生的不安開始從暗處襲來：一個人看電影時，一個人開車回家時，一個人躺在床上準備熄燈時……

「不知道，我開始覺得無聊，好像能有個人說話會比較好。」他說。

其實，**那是寂寞的感覺**。

只是，「寂寞」兩個字不是他習慣說的語言。

蔣君是一位專業而認真的內科醫師，工作上，他博聞強記，總能對疾病提出理性而精確的分析，讓人敬佩且信任。但相處一陣子，很容易便能深刻感受到他的某種特質——某種硬邦邦，像精裝百科全書那樣的特質，他能告訴你很多他知道的事，但不像小說，能說出你心中的話。

他的語言中，缺少了「情感」。

向前一步，更貼近彼此

更多的選擇，卻帶來更多焦慮

夜裡下診後，我們找了一間迴轉壽司店，開始更新彼此的近況。時候雖然不早了，但等待被挑選的壽司與等待挑選的人們，仍在店裡熱切地流轉著。

他說，這一年來，一直是單身的他開始相親了。

「的確是該結婚了，不是嗎？我想了想，相親是最有效率的方法了！」他看著一盤盤從眼前流過的壽司說。

因為年紀跨過了一個門檻、工作穩定了、父母的期待、生涯的規劃、同儕間的影響……他說了諸多原因。但**他沒將那種「想跟人說話」的感覺，放進他的理由清單中。**

在他口中，結婚像是一件任務。雖然許久不見，他那種硬邦邦的特質依然沒變。

他找的是傳統媒婆，年紀都五十上下，口耳相傳介紹來的。他說沒太費力，稍稍探聽，需求端便與服務端自然搭上線，然後源源不絕拉出一串。

傳統媒婆僅以手機聯絡，跟他要了基本資料還有希望的條件，有適合的人選便回報給他。通常他只知道對方的基本資料，運氣好，才多張照片。如果他覺得有興趣，媒婆就會幫雙方聯繫見面，許多對象都是第一次見面才看到長相。

「第一次見面，不會不知道聊什麼嗎？」我好奇地問。

「不會啊！反正雙方目的都很明確，就聊該聊的。」他就事論事地說。

或許對他而言，這種制式的場合有固定的節奏規則可依循，反而比那些日常隨機的相遇更容易應付些。

我彷彿看見，他像拿著問卷般探究對方的家庭背景、求學經歷、生涯規劃、婚姻價值觀等等。的確！還有比相親更能理所當然地進行調查，又讓人感到自在的場合嗎？

一年來他在餐廳、咖啡館見了二十多位對象，各種學歷職業，醫師、藥劑師、老師、副教授、律師、待業中到終生無業的千金小姐都有，年齡從稍長到小他十歲，身高從等肩平視到小鳥依人。

「假日時很忙啊，有一天，我還午餐、下午茶和晚餐連赴三個約——」

我忍不住插話。「這樣像生產線一樣緊湊又短暫的面試，你不會錯亂嗎？前一個的感受還沒沉澱，下一個又疊了上來。」

「反正把握時間多看、累積更多選擇，才不會錯過最好的人啊！」他說。

然而，事實卻不如他所說的那樣。**更多的選擇，帶給他的不是更多把握，反而是更多的焦慮**。他茫然地繼續相親，始終無法分辨誰是「最好的人」。

大約有一半的女子跟他保持著不同緊密度的聯絡，但沒半個有進一步發展。他猶豫不決，不敢往下走，一年了，依然孤身一人，寂寞的感覺沒有消失，還披上了另一層焦慮。

「感受」是不講道理的

我從迴轉台上端了一盤鮪魚生魚片，而蔣君目光雖一直逗留在轉動的壽司上，卻遲遲沒有取用。

「吃不下啊？」我問。

「不……還沒看到想吃的。」他搖搖頭說。

他拿出幾張照片，一一向我簡介這些女子的背景，然後焦急地徵詢意見：「怎麼樣？你覺得哪個最好？」

我直覺地反問：「那你心中的理想伴侶是什麼樣子？」畢竟這是他的愛情，我只能祝福，不能替他決定。

「理想伴侶喔……我覺得應該要知識水平差不多才比較容易溝通。年紀比我小但別差太多歲，之間才不會有代溝，生小孩也比較不會有問題。還有……」

蔣君認真地說了許多「具體」條件，卻反而讓我覺得空泛。他替「理想伴侶」勾勒出了硬邦邦的輪廓線，卻只是個沒有血肉、沒有溫度的「空殼」，好像從百科全書裡查到的「妻子」解釋，然後逐條背誦出來。

這個空殼可以套用到照片裡的任何一位女子身上，這些描述缺乏了任何情感層面的東西，無論是他感受到的，或是他需求的。我無法想像蔣君與她們之間交談相處的細微差異，好似複製的外殼，無從分辨起。

但她們當然都是不同的，她們的聲音、呼吸的韻律、笑的樣子、等待的神情，還有聽人說話時躲在眼睛後流轉的思緒……而這些難以具體描述的幽微感受，往往就是感情裡最堅韌而具決定性的力量。

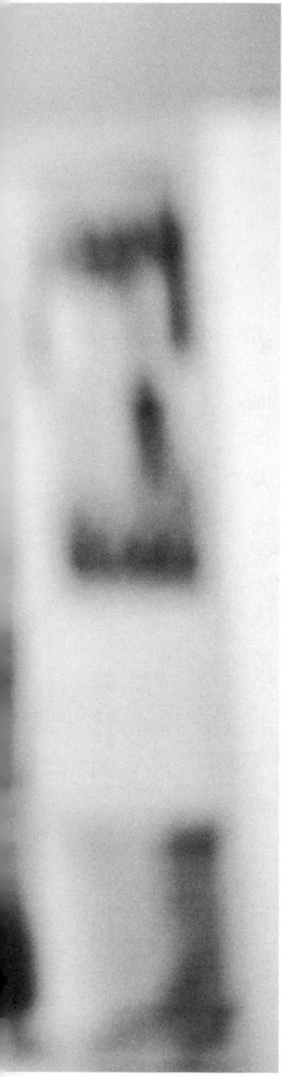

「她微笑的樣子溫暖了我。」「她聽我說話的專注讓我感覺被關心。」蔣君說不出這樣的話。對他而言，「感受」一直是困難的，無論是覺察別人，還是體會自己。

許多男人也跟蔣君一樣，感受遲鈍，便**更倚重思考來詮釋世界**。他們的生活就是「思考」，看待任何事情，總喜歡長篇大論地分析，然後問別人：「你覺得有沒有道理？」

然而，「感受」往往是不講道理的，再怎麼思考分析，也無法憑空推論得出。他們真誠善良，但就是不會察言觀色，許多一眼就明白的感受，總需要幾經翻譯才能讀懂。而就算讀懂了，也只能硬背下來，不知如何回應，因此在人與人的相處上屢遭挫折，尤其是兩性關係。

「沒有道理又怎樣？」許多女人就因此被激怒或感到氣餒而遠離了。

對一些男人來說，這是一種慣性，也是一種防禦與逃避。然而這樣硬邦邦的理性是難以將情感的多變與抽象馴服的，就像無論百科全書再增添多少文字條目，也無法對「愛情」做出完美的定義。

愛情的領域裡缺少了「感受」，真像沒有方向感的人拿著地圖找路。但不冒著迷路的風險進入愛情，恐怕任何感受都是遙遠疏離的。這說法矛盾且讓人困惑，卻最接近真實。

不花時間相處，找不到答案

「你心中真的沒有比較欣賞的對象嗎？」即使說不清，我相信他還是有感受的。

「有是有，但是……」他皺起眉頭。

「但是？」

「我不確定以後相處上會不會有問題。」

「但沒有相處，你更不知道會有什麼問題啊！」

感受必須從日常的細微處汲取，經由時間釀造獲得。如果不花時間相處，只會在無止境的相親中迷失。

其實蔣君對於「相處」一直有所恐懼。過去的挫敗經驗，讓他沒有自信能面對感情裡的不確定性，因此就更想要仔細丈量、計算風險，尋找一條最安全、最不會失敗的捷徑。但那條路並不存在，他只好在感情邊緣，夜夜焦慮地徘徊。

愛情的辭典裡沒有萬無一失、一勞永逸。關係是流動的，很多問題是要在兩人都進入後才逐漸浮現，這些問題縱然令人苦惱，卻也往往帶來智慧，加深我們對愛情與自己的理解。

愛的第一課：懷抱決心，進入一段關係

不知不覺，我的盤子已經疊高，蔣君眼前卻仍空無一物，只是不斷地添水喝茶。

「你在等什麼壽司嗎？」我問。

「嗯，也沒有，我只是等看看有沒有更想吃的……」他伸頸看了遠方緩緩駛來的壽司，又低頭喝了口茶。

「其實如果你有什麼特別想吃的，可以直接看菜單點，不用等。」我提醒他說。

「咦？對喔！其實也沒關係啦……」彷彿想止息我的催促，他隨手取了滑過眼前的茶碗蒸。這幅景象猶如蔣君的困境：以為自己能夠盡情選擇，最後卻是什麼也選擇不了。而遲疑且焦慮的他，到底是挑選壽司的人，還是被挑選的壽司呢？

「不花時間相處，真的是找不到答案的。你以為能等到更好的人，或許已經錯過了。」我鼓勵他，無論如何該往前走。「這樣漫無目的地等待下去，永遠不會等到最好的人，反而只會錯過更多『足夠好』的人。」

懷抱決心進入一段關係，是第一堂課。

進到愛情迷霧裡找路，是免不了挫折的，但也才能開始艱辛的第二堂課：「感受」。

愛的第二課：感受

「你知道什麼是『愛』嗎？」

我直接挑明了問。

蔣君不像大多數的人胡亂地說些自己也不明白的答案，而是像個孩子一樣坦率卻又有點沮喪地回答：「不知道。」

其實**他真正的問題是不善於辨識感受、表達感受，而不是全然沒有感受**，所以他會焦慮、失眠，會有不敢確認的欣賞對象。

就像他會平鋪直敘地說：「我覺得無聊，有個人能說話會比較好。」但不會表達：「我覺得寂寞。」

他缺乏的是可以溝通內心感受的語言。

若能引導他將這些感覺與需求用他的語言說出，然後協助他去理解、辨識，原來這就是某種情感或某種愛的表現，慢慢地，或許他也能多學會一些適切表達自己的詞彙了。

關係修復的開始

一開始，需要一字一句地把感受「翻譯」給他聽，鼓勵他說出口，然後回饋給他。

「愛，就像是你不想讓某個人受到傷害，見不到面時，你會頻頻想起她，會希望可以一直待在她身邊，願意為了她去承受一切痛苦……愛，就發生在這些你也擁有的感覺中。」我告訴他。「或者，你比較想跟她說話勝於其他人，聽到她的聲音就覺得滿足。」

我不放心地再問：「滿足是什麼，你知道吧？」

這堂課是困難的，但若沒有這堂課的成長，愛便無法在語言的隔閡中流動。

蔣君後來終於趕上了第一場戀愛，幾個月後，也收集到了第一場失戀。他的確挫折傷心，但愛情的模樣，在他心中總算清晰了一些。

愛的領悟

感情不是一件商品，購買後附帶永久保證書。它比較像是精挑細選後的種子，即使在陽光充沛、濕潤而肥沃的土壤栽下，依然需要持續的呵護照顧。

不種下，永遠沒有機會發芽；不用愛灌溉，隨時都可能枯萎。

那到底什麼是愛呢？

有時我們把愛說得太浪漫、太空泛了。不如說得具體一些、粗俗一些、踏實一些，然後認真地去做，勇敢地去做，尋常而日常地去做。

至於感情裡不確定的事，是留給未來的。未來許多還不明朗的部分，不見得是看不清，而是尚未成形，留了空白，讓實踐的愛去描繪。

孤枕男人

——孤獨，是因為彼此的愛走失了，而不是不存在

朋友最近在為新屋找床，逛了幾間店，卻遍尋不著夫妻倆都滿意的。他覺得太軟的，妻子說太硬了；終於找到軟硬適中的，兩人一起躺下，不是感到擁擠，就是覺得身旁的震動擾人。

「不是有獨立筒的嗎？」我問。

「結婚之後就沒有真的獨立了啊！」朋友無奈地聳聳肩。以前同居時，夏天抱著都可以睡得很甜，反而現在同處一個空間，光是呼吸聲都覺得壓迫。

「幸好你家還有多的房間。」我毫無同情地嘲笑他。「獨立是需要戰爭的啊！」

結婚，不就是為了連結嗎？情感的連結、生活的連結，而孩子就像是生命的連結。那婚姻裡，還能保有多少的獨立呢？又為何，我們會懷念獨立呢？**獨立，能不孤獨嗎？**

告別朋友後回到家，妻子與孩子都睡了，我坐在沙發上，偌大的客廳只屬於我，卻靜得有些冰涼。

方才捨不得回家的我，此刻卻感覺遲了。

我想起了他的寂寞，那個晚婚的父親。

向前一步，更貼近彼此

被寂寞包圍的丈夫

進入社會後，他奮鬥了十幾年，一階一階爬上了銀行裏理的位置，想說站穩了腳步，便結了婚，生了孩子。

但是近幾年金融界的生態變了，高處的空氣稀薄，背負的行囊卻更沉重。他每天加班，穿著悶熱的西裝四處拜訪客戶，只求在稀薄的人情裡多賣點面子。每次低頭遞出名片，看見上頭「襄理」的頭銜，便自覺丟臉。

說到這裡，他反射性地堆起笑容並掏出名片遞給我，旋即卻像燒盡的火柴棒，焦黑枯萎地垂下頭。四周黯淡下來，冷冷的寂寞迅速包圍了他。

結婚後，他依然無法從工作中脫身，妻子全職照顧孩子。他在皮夾裡隨身帶著全家福的照片，但實際上能看見他們的時間不多，一轉眼，他老得很快，四十了；而四歲的兒子大得更快，早已不是照片中的模樣。

他承認自己跟工作綁得太緊，回到家也鬆解不開，在外頭對客戶噓寒問暖、說盡好話，對家人卻一句也說不出；陪兒子一起看卡通，腦中卻是卡通信用卡的業務。

或許是自己的缺席吧！夫妻之間有了裂痕，但妻子與兒子始終也綁得那麼緊，沒有他容身的縫隙。妻兒獨立地生活著，自己宛如一個陌生的房客，只想回家睡覺，定期繳租就好。

聽著他自責地訴說，我可以想像，**他們夫妻各自都綁得太緊了，於是之間的連結被硬生生扯斷了。**

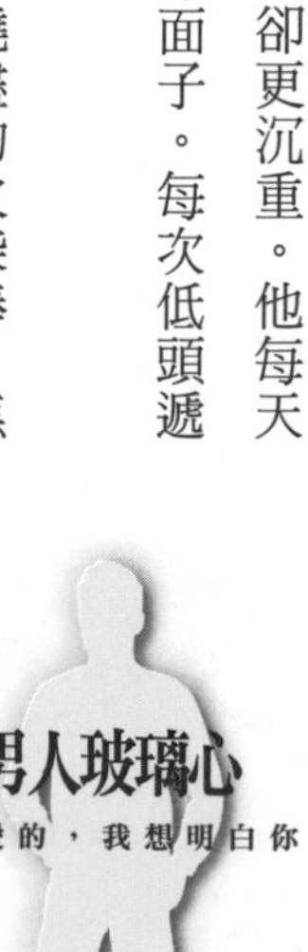

防禦而疏離的妻子

獨立的妻子愈來愈堅強，也愈來愈凶猛，像母獅守著小獸，任何人都不可靠近。每次他對兒子的生活有意見，妻子便說他不懂，只會出一張嘴。

「我們是不是該讓兒子練習自己睡了啊？」他問。

「你懂什麼？你以為我不想嗎？」妻子白了他一眼，繼續曬著兒子的衣服。奇怪，這些新衣服哪來的呢？去年他幫兒子買了一件小襯衫，被妻子嫌醜，跑去哪兒了呢？

他不懂，他的確不懂，不懂妻子的焦慮、防禦和疏離。干涉太多好似侵入了她的領地，而太靠近孩子，就彷彿要將孩子奪走。

他沒有要侵入什麼或奪走什麼。這不是一個家嗎？他只是想確認自己的存在。但是對守在家裡的妻子而言，這種偶爾才出現的父親與丈夫姿態自私又不可靠。

「孩子不是拿來娛樂你、滿足你的。你想關心他、了解他，就要多花一些時間陪他！」

他無話可說，「時間」真的比錢還難賺。

回到家都接近八點了，妻子正在幫兒子洗澡，隔著浴室門可以聽到嘩啦啦水聲還有兒子稚嫩的笑聲。等他匆匆打點完晚餐，孩子已要睡了。妻子只留下一盞小燈，要他放低音量別吵到兒子。

他無聲地沉進沙發，把電視轉至無聲。妻子瞄他一眼。

「你可以不要死氣沉沉的嗎？」

他彷彿聽見妻子在抱怨。

兒子用疑惑的眼神瞄了他一眼，便跟著母親進了房間。

期待連結的兩座孤島

黑暗中，他目光空洞地看著電視屏幕中介紹鯨魚的節目，深海的藍光粼粼映照在他臉上。

太疲倦了。身為父親和丈夫的那個部分，就像永遠浮不出水面的鯨魚，緩緩地下沉、窒息。節目中說那叫「鯨落」，死去的軀體成為豐盛的最後一餐，骨骸化為深海裡的一座孤島。

他差點就要閉上眼睛了。妻兒窸窸窣窣的聲音隔著深海傳來，客廳好大好靜，他游不過去。他獨自偷偷練習，只能擠出一點點笑容，放出一點點眼神，無力再多，**心在工作裡掏空，力氣也耗盡了。**

好懷念照片中的記憶，那時兒子剛滿一歲，先學會叫爸爸，再叫媽媽。那天三人盛裝拍了全家福，笑容好足，眼神好滿。

而如今，**他像個旁觀者被隔離在外。**

「睡了吧？」他心想。

悄聲進入房間，躡手躡腳地靠近已熟睡的兒子，輕撫著小小的額頭，小臉輕抽了幾下，忽然悶哼一聲，一旁的妻子醒來狠狠瞪了他一眼。他趕緊縮手，落荒而逃。逃回自己的房間，那張孤獨的雙人床。

一張床睡三個人，還是擠了點。其實，最初是自己要搬到客房的，那時兒子容易夜驚哭鬧，為了撐起隔日面對客戶的笑容，他先逃開了。

然後，就回不去了。

他說他感覺被放逐了。家裡多了一個人，卻更形寂寞。

每個夜晚，他就從空蕩蕩的客廳回到空蕩蕩的雙人床上，疲倦，卻寂寞得無法成眠。

他的寂寞裡其實充滿了矛盾，有怨懟，也有自責，對於妻子則是既心寒又虧欠。但將過錯歸咎於對方總是容易一些，所以他不斷告訴自己，妻子多冷漠又多霸道，也逐漸累積了內心的憤怒。

終究，兩人大吵了一架。

「你只是把我當成提款機，根本不在乎我的感受！」當著兒子的面，他對妻子怒吼。

「你竟然這樣說！那你又把我當成什麼？洗衣機？洗碗機？像你媽以前說的『啞巴媳婦』，乖乖做事不會回嘴？」妻子緊抓兒子的手，氣得發抖，將陳年舊帳翻了出來。

這些是無情的情緒語言，卻也透露了一些平時的委屈。但**夫妻之間不是只有委屈，也有感激與惦記，只是爭吵之中說出口的，就只剩憤怒的委屈了。**

有些床上寂寞的男人，用憤怒說服自己而上了別人的床，卻反而被罪惡感啃蝕得更空虛。

畢竟他們真正思念的，是家裡溫暖的床。

釐清寂寞從何而來

夫妻之間的連結斷裂了，理解和溝通也跟著斷裂。孩子再也無法平靜地處在其間，成了兩人爭搶的對象。夫妻的關係就像天平，如果不能平衡，自然會把孩子當成砝碼，來增加自己的重量。

但我在他複雜的寂寞裡仍感受得到，他與妻子之間還有難以割捨的愛，只是那些愛啊，被轉移到了孩子身上，連帶著那些占有、嫉妒和關注的眼神，也統統投射到了小孩身上。

他與妻子都承受著寂寞，卻無法彼此陪伴──他告訴我了，但有告訴他自己嗎？

「你的寂寞是來自於兒子，還是妻子呢？」我問。

他困惑地看著我，遲遲沒有回答。

我是故意問的。兒子和妻子當然是難以比較的，只是我要他回頭檢視自己跟妻子的關係。落單之後，他是否愈游愈遠呢？

妻子和他，好像在巨大的海洋裡走失了。

「我要說的，或許你都知道了。其實你也明白妻子的寂寞，不是嗎？她獨自在家，默默守著，雖然有埋怨，有憤怒……」

我看著他，繼續說：

「她的眼神，其實一直停留在你身上啊！所以她才會看見你逐漸下沉，擔心焦急卻無能為力。她很生氣，跟你一樣，氣你，也氣她自己。」

「我知道……」他點了點頭，海流入了他的眼睛。

釋放自己，游向彼此

他先傳了訊息給妻子，為自己的憤怒與失言道歉。他說出妻子的寂寞，也坦承了自己的寂寞。

他試著，慢慢游向妻子。

那晚，他依然伴著夜燈，坐在沙發上看電視。

「爸爸，我會一直把你放在心裡的。」

兒子走過他身邊時，突然這麼對他說。

一旁的妻子給了個淺淺的微笑。他的心頓時滿了，在黑暗中流下淚來。

這句話，原來是從妻子平時陪兒子讀的一個繪本故事而來。

妻子不是真的將孩子搶走，而是替他守著這個家。

關係修復的開始

我從包包裡取出剛從圖書館借回來的繪本。

《爸爸為什麼這麼忙？》，這是一隻小熊起床後總看不到爸爸的故事，於是他偷偷跟著爸爸，翻山越嶺，穿越森林，涉過溪流，最後來到湍急的河水邊，看著爸爸神氣地躍入河中抓魚。

翻到故事的最後，小熊依偎在爸爸的懷裡，臉貼著爸爸，滿足地笑著。

「小熊，爸爸出門是為了幫你和媽媽，還有媽媽肚子裡的小寶寶找食物。我在尋找食物的時候，滿腦子想的就是你啊！不管到哪裡，爸爸都會帶著你，就在這裡……」爸爸說著指了指自己的心，然後說：「我希望你也一樣把我放在你的心裡喔！」

寂寞散去了，原來，我們總是被惦記著的。

愛的領悟

孩子，塞進了父母的床，吸引了他們的目光，也占據了他們的目光。
於是夫妻倆可以忽視彼此的冷落，只計較著誰對孩子付出較多的愛，
誰又擁有孩子較多的愛，卻遺忘了——
彼此的連結，才是一切的最初。

PART 2 像個孩子

便利商店男人

——他想逃離的是麻煩、責任和束縛

過了夜間十點，這城市多數的招牌皆已歇息，發光的眼僅凝聚在黑暗中的某些角落。

「叮咚！」眼睛眨了一下，自動門滑開，吐出一口冷氣，我走進了便利超商，裡頭清醒如白晝。

座位上零零散散坐了幾個男人，專注地沉浸在各自的世界中。

那個穿著保全制服、戴膠框眼鏡的男子在玩手機遊戲；穿花襯衫，像是計程車司機的平頭男子一邊吃著微波食物，一邊看著言情小說。還有一個抹髮油、繫領帶，髮根開始褪色的男子，將西裝外套披在公事包上，平板豎在泡麵前播放球賽，駝著背邊吃邊看。

他們散發了某種相似的味道：身體疲憊，但精神有些亢奮，像從某處脫逃後長途跋涉才來到了這裡。我一瞬間感染了他們內心的雀躍，也明白了，**這正是青春期男孩自由釋放的味道。**

這些「男孩」終於從衰老、世故或偽裝的成熟底下逃了出來，在這個「便利星球」成為自己的國王。

正如黃昏時流連球場畔的男孩們，放了學不回家，等風吹乾汗，再吹出一朵朵白日夢。

角落有一張熟悉的臉，他喝著罐裝啤酒，低頭滑手機，身上還穿著連身工作服，不時露出一種男孩似的純真笑容。

我默不作聲地買完了東西，匆匆歸回返家的夜路。路上我想起他初到診間時，也是穿著這件布滿油漬的工作服。

向前一步，更貼近彼此

像個男人一樣

「今天加班，就直接穿著制服過來了。」記得那晚，他一進診間便先這麼說，像是深怕我沒看見。

「這感覺很難洗吧？」我好奇地看著那些難纏的油漬。

「這要單獨洗。我太太不喜歡那個油味，我都自己用洗衣粉泡，所以我很懶得洗，還特別多買了三件輪流穿。」他笑著說，有點為自己的邋遢還有邪惡的小聰明沾沾自喜。

我也跟著笑了，明白這種**在母親面前的小小叛逆**。

其實，這些油漬是男人從戰場上帶回的傷痕。

他是食品工廠的維修工程師，負責讓機台維持二十四小時運轉。這陣子來了新上司，推出新產品、測試新產線、設定新產能，老機台索性罷了工，不給面子。

「他要求我在二十四小時之內恢復產線，靠腰！他不知道問題就是他把機器操過頭了！機器被這樣操都不行了，何況是人。幹！搞得我沒一天可以安心睡好！今天差點給他翻桌！」

他天天加班安撫這些機器。但上司的脾氣不好，機器的脾氣難捉摸，他的脾氣也跟著浮躁了，壓力大得像一雙男孩穿不上的大鞋，走著走著就跌倒，於是他走得更急、更火。男人全身緊繃，從後頸到下背的筋都被拴過頭的螺絲鎖死，耳膜過熱，神經發燙，一點聲音就令他煩躁。

但他怎可能真的翻桌。上了戰場就要長大，就不能叫痛，他只能忍耐，像個男人一樣繼續把傷痕往身上抹。

然而，他卻開始逃避回家。

長不大的男孩

「上班很累了，回家就是要放鬆啊！結果還是像在上班一樣，規矩一大堆：髒衣服要丟好，電視要小聲，飲料罐壓扁回收，不能喝酒，抽菸要到樓下……管我像在管小孩！然後她天天跟我兩個女兒吵架，我掃到颱風尾，被念得更凶，說女兒都學我把她的話當耳邊風。狂風暴雨是要怎麼當耳邊風？」他筋疲力竭地抱怨著。

「你很怕你老婆生氣啊？」我半開玩笑地問。

「哪會！是覺得煩。」大男孩不服氣地說：「煩工作就煩不完了，回家還要聽她講那些雞毛蒜皮的事，又不是在管小學生。到底是我沒工作比較嚴重？還是鞋子沒放到鞋櫃比較嚴重？」

「最近常吵架嗎？」

「是還好啦！我不喜歡吵架。工作上我還可以忍，但回家我怕快忍不住了……」

「老婆知道你工作上的煩惱嗎？」我想知道，那些油漬就只是獨自浸泡然後默默洗去嗎？

「不知道吧。我沒特別跟她說。其實她也很煩了啦！我那兩個女兒真的不好搞，一個青春期叛逆，脾氣像她媽，又特別喜歡找她媽作對，另一個比我還懶散，常常忘東忘西，快把自己搞丟了……」

男人主動看見了妻子的難處，也讓我看見了他的柔軟。許多時候就只是這樣，多**看見彼此的難處，就能多一些包容和體恤。**

可惜，他只是看見了，卻沒有「說」；沒說，自然也不會有人聽。而當妻子沒聽見，他便以為她什麼都沒看見。

「所以女兒的事情都是老婆在處理？」

「對啊！從以前到現在都是這樣。我管是比較鬆啦，但我老婆說那叫放縱，說我跟女兒一樣長不大，最後還是她在替我們擦屁股。唉！我只好閉嘴，乖乖躲起來，專業的讓她來就好。」他洩氣地說。

所以，**長不大的男孩躲到超商去了。**

男人逃避的是「溝通」，更是溝通所翻攪而起的尖銳情緒。管教是溝通，爭吵是溝通。**溝通像是穿越荊棘，小心地將一朵花摘回，需要經歷並修剪大量的情緒，才能抵達柔軟的內心。**而這正是男孩最不擅長，也是男人一直學不會的。

於是他與妻子的花都深藏在心底，遠遠隔著。

便利、公平又自在

「醫師，我那天晚上有看到你欸！」幾天後他回診時興奮地說。

「咦？」我裝作毫不知情。

「在超商啊！不過你好像沒看見我。」

既然他先自首了，我就順勢多問一些。「那麼晚了，怎麼還沒回家啊？」

「就躲『颱風』啊！很奇怪，待在那裡感覺就是很輕鬆。」他眨了眨眼，如同在炫耀一個祕密基地。

那間超商座落在住宅區入口，一些男人總愛趁夜深在那裡留駐。

「你這樣每天在超商逗留，老婆沒意見？」

「又不是上賭場還是酒家，我是上便利超商欸！」他像個男孩似地嗆聲。

「你老婆真的知道你在超商？」我故意追問。

「欸……不知道吧。不過我太太根本搞不清楚我哪天加班，反而超商店員每天都記得我只喝冰拿鐵不加糖，用心多了！所以我乾脆天天『加班』，在超商喝啤酒、看漫畫，等女兒睡了再回家。」

他理直氣壯地說，還跟我「分析」起便利超商對男人的三大誘因。

「我說啊，便利超商的根本就是『便利』，沒有時間限制、沒有消費門檻，想去就去、想走就走，連開門鎖門都不必。然後是『公平』，透明的標價，拿了東西付了錢，發票是簡單的合約，你情我願沒人吃虧，不會再有討價還價或委屈反悔。最後是『自在』，你需要時能得到協助，不需要時也能保有清靜，沒有令人窒息的關心，也沒有令人卻步的拒絕，像在一間獨立的溫室內，享用分量適中的溫暖與孤獨。」

話說得浮誇自我，卻也是他心底的聲音，如同一種掙脫現實的想像，滿足了男孩變成男人後的失落。

「真的就是這樣，**便利**、**公平又自在**，這三個東西啊，成家的男人都想要！」他下了肯定的結語。「我不是隨便唬爛的，我後來發現，那邊有好幾個熟面孔也幾乎是天天報到。」

逃家的「男孩」們

有時，婚姻、家庭，對「男孩」來說還是太嚴肅沉重了。所以他們躲、他們逃，來到了離家最適當的距離，一個可以暫時不要長大的地方，像是夜裡的超商。

其實男人不是真的想要便利、公平或自在，而是不想要麻煩、責任和束縛。二十四小時扮演大人讓他們喘不過氣，然而矛盾的是，為了保有男人的尊嚴，他們卻用男孩的方式逃避。當男人愈像男孩，妻子自然會愈像個焦慮的母親，被迫死守著無人輪守的家。

傳統「成熟男人擔負工作，成熟女人持護家庭」的觀念，世代地複製，我們記憶裡總有那「出門工作的父親」與「門後守候的母親」，長大後也不知不覺穿起相同的鞋，走往了相同的路。如此刻板的社會角色給了男人長大的壓力，卻也給心裡的男孩逃避的機會——**工作上不能逃，但家庭可以。**

綁在生活兩端的夫妻分隔於家門內、外，**門關上了，就看不見彼此**，本應相互理解與分享的悲喜點滴，被切割成獨自收藏的成就與失落，久了，自然覺得寂寞且疲倦，累得說不上話。於是，男孩終成沉默的父親，不斷地逃；女孩亦成嘮叨的母親，無處可逃……

成熟的依賴

其實成熟不是這樣的。成熟，不是學會堅強、忍耐或種種表面上的武裝，**成熟更不是放棄依賴，而是學會「成熟的依賴」**。

成熟的依賴，是能夠**彼此扶持又彼此倚靠，互相給予力量又獲得力量**，於是兩人的重心不致偏移，都能站立而支撐起共同的家。

成熟的依賴，更是**允許彼此去擁抱心中那長不大的小孩**，學習傾訴且傾聽那些細膩又劇烈的情緒。有時坦露自己的脆弱，有時則堅強地給予包容。當自己喘不過氣

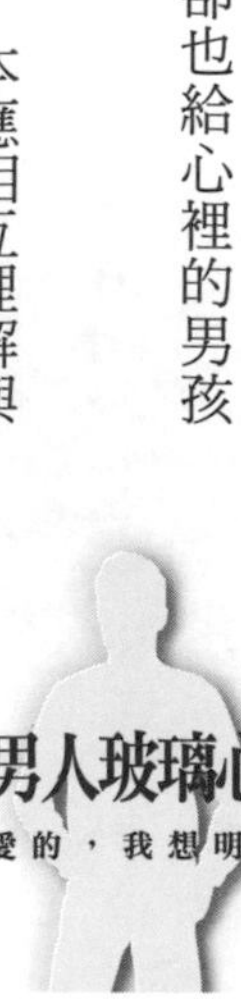

時，能出聲要求一個獨處的空間，而不是沉默地逃避——逃避是一種放棄的心態。

這樣的關係是種流動的平衡，不是關上的門，而是開啟的窗，能讓兩人感受並觀看到彼此，融入且參與對方，「男孩」與「男人」也能更自在地共存。

如此，雖然關係多了摩擦，需要更多的溝通，卻也變得更緊密而不孤單。

關係修復的開始

幾個星期後，他嘻皮笑臉地走進診間。「醫師，被抓包了啦！」

「怎麼了？」

「昨天我一樣在超商用手機看漫畫，結果我太太突然打電話來，說反正我在超商，順便幫她買鮮奶回去。」

「啊！她有很生氣嗎？」

「好像也沒有欸。不過我問她還要不要帶什麼回去，你猜她說什麼？」

「嗯？」

「她竟然說，要我把心帶回去，哈哈哈！我就回她：『我心不是一直放在你那裡嗎？』」男人笑著說。

「那你還能去超商嗎？」

「可以吧！她又沒有說不行。」他做了一個鬼臉，配合他大男孩的小聰明。

男孩真的是男孩啊！**妻子其實一直在包容著他、等待著他**，暗示他：那就穿著滿身的油漬，把心帶回去吧！

「那記得，把心帶回去啊！」我笑著說，彷彿也聽見了妻子真切的呼喚。

◇◇◇◇◇◇◇◇◇◇◇◇◇◇◇◇

愛的領悟

逃家的「男孩」總會想家的。而我想，男人能如此賴皮地逃，是仗恃著家不會消失，妻子總會守候著吧！

◇◇◇◇◇◇◇◇◇◇◇◇◇◇◇◇

服務業男人

——他欠缺了對自我的認同與肯定

他在初診病歷的職業欄填上「服務業」，一個常見，但也常讓人感覺閃躲的答案。

「服務業是指？」我追著他問。

「呃……我開樂器行的。」猶豫了一會，他才說。

初診時，我們總是冒昧地詢問個案的職業。這並非出於好奇，而是能讓我們大略窺見個案的生命輪廓，雖然有些刻板，卻有助於開啟初次對話的其中一扇窗，讓言語與訊息持續流動。

這種看似閒聊的零碎對話卻是我們賴以評估的基礎。除了眼前說話的這個人，我們更要看他與別人相處的動機、方式和彼此所處的位置，或更抽象地看他跟整個社會互動的方式。

「職業」便是互動的一種重要方式，即使「無業」也是一種互動。

當然，不是每個人都能夠自在暢談自己的職業，他可能會有所提防、迴避或敷衍地應付。而這些或許正透露出：他如何看待這個職業，他想像著社會如何看待這個職業，以及，他揣測著眼前的醫生如何看待這個職業。

追根究柢，就是他**如何看待自己**。

向前一步，更貼近彼此

驕傲是自卑的盔甲

他終於決定來就診，因為被憂鬱壓得實在動彈不得。

「撐不住了，我現在連自己的店都不敢去……」

其實，緊繃與低落的情緒斷斷續續有好幾年了，但在過去喘口氣總還能撐著站起來，就好像琴弦不斷不斷地旋緊，總能把走失的音找回，這一次，他卻再也生不出力量，疲憊的弦終於斷了。

「從哪時候開始有明顯感覺的呢？」我問。

「一個月前……從我好朋友回國開始……」他像是發不出聲音般無力地說。

好友和他從小學到高中都同班，而且是音樂班裡「唯二」的男生，有著許多相似之處，同樣都拉小提琴，還喜歡上同一個女生。

兩人的確是好朋友，常如親兄弟般分享男生間幼稚的歡樂與哀傷，但另一方面卻也很清楚，彼此終究不同。相似裡頭尖銳的相異，讓他們很難不被拿來比較，也很難不在心中暗暗競爭。

在相同的舞台上，他們拉不同身價的小提琴，散發出不同的光芒——而他一直是最明亮的那一顆星，遙遙領先，穩居樂團首席。

「只有拉著小提琴的時候，我才覺得自己真正擁有了什麼，可以填滿貧窮的空洞……」他低聲說。

弓一落在弦上，花火便絢爛地迸發開來，吸引了黑暗裡所有的目光，這帶給他莫大安慰，讓他暫時忘記了在工廠輪班的父親、幫人洗碗的母親、常常落鏈的那輛破腳踏車，還有老師退回他鐘點費時，那疼惜卻又令人臉頰燒灼的眼神。

音樂是他的力量、希望和光芒，也是他生存的武器。

其實他偷偷地鄙視著好友。

「我瞧不起他穿名牌、坐轎車，拿著百萬名琴卻什麼也拉不出來。但我又很矛盾……」

他是喜愛這位朋友的，可是彷彿「鄙視」才能讓他更從容地面對好友，不那麼厭惡自己、不那麼自卑，也不會感覺這段友誼是被施捨的。

「他有錢，我有音樂。算一算，剛好公平吧！」他苦笑著。

但就在省賽拿了第一名後，他開始變得驕傲猖狂，總是皺著眉聽好友演奏，不耐地嘆息，樂團練習時若好友出錯，他也毫不掩飾地放下弓，顯露出不悅。

連兩人之間共同的祕密，他也丟棄了。他們都暗戀著班上同一個主修鋼琴的女孩，還曾經私下約定，除非女孩主動，否則誰都不能背叛對方去追求她。

「結果，我背叛了我們……」

他邀請那女孩當高中畢業音樂會的伴奏，就在畢業前，兩人公開交往了。

沒有告別，好友離開了台灣。

現實之路

「樂器行？應該還算是音樂圈吧？」我問。

男人的回答帶著自嘲。「我現在是商人，耳朵聽到的都是價錢。」

上大學後，家中經濟再也無法支撐他的舞台，**他被迫在現實與夢想中做出選擇**，忍痛放棄了音樂，但女友沒有放棄他，跟著他成為了妻子。婚後他開了樂器行，代理進口提琴，妻子則隨同經營音樂教室，昔日的獎狀和獎盃放在店裡，為他們保留殘餘的音樂家微光，卻帶來了豐厚利潤。下了舞台早已沒有面子問題，何況在舞台上，那點光連琴譜都照亮不了。

從此，小提琴拉奏出的不僅是音樂，還有實實在在的價錢。

每年在音樂教室成果發表會上，他會與妻子共同演出當年畢業音樂會上的曲目。縱然不再那麼純熟動人，夫妻倆依然珍惜這樣的機會，那是關於愛情的重溫，而不是音樂的追憶。

全無遺憾嗎？他說也不盡然。

「我想，這就是一種選擇吧！」

即使遺憾偶爾還會襲來，但現在的生活充實、平淡且安好……是吧？

那一次，妻子看著電視上鋼琴家王羽佳靈動的指尖流瀉出李斯特的鋼琴奏鳴曲，眼淚突然克制不住地潑灑出來。「這些我原本都會彈……」她哭著說。

原來，心裡的情緒是那麼滿。

他抱著她安慰：「我知道。我聽過，也永遠不會忘記喔！不過我們在發表會上的也不錯啊！只是比人家老，衣服也沒那麼性感而已。」

「是爛透了！」妻子又哭又笑地說。

另一條路的風景

可是偶爾，另一條路的風景會如一片光羽，飄了過來。

從出國的朋友們那兒，有時只是一些消息，像捎來一封信，有時是網路上的演出照片或錄影，如明信片裡的明媚風光。

不過那些畢竟短暫而遙遠，日子的重量輕易就將人拉回現實，忘了輕飄的欲望。心晃一下，就又安靜了。

「但這次好像不太一樣？」我問。

「或許我的心還沒真的沉靜吧……」他的眼神因搖晃而模糊不清。

好友在法國待了十多年，拿到最高演奏家文憑後，回台灣舉辦巡迴演奏會。眼前的舞台上，好友將摘回的星光灑滿整片夜空，而他坐在黑暗的舞台下，一瞬間以為看見記憶中的自己。

「爛透了，真是爛透了！」

他的琴說不出那些故事了，而好友的琴唱出的每個樂音都穿透了他，撫慰卻又刺傷了他，將他丟回夢想與現實的夾縫裡，再度想起那些努力遺忘的失落。

每個人的選擇背後，都有各自的取捨與遺憾，不同的舞台上是不同的曲目、不同的演出，但他總被好友選擇的曲子擾亂了。當年擁有音樂，卻因貧窮而自卑，如今擺脫貧窮，又在好友的音樂中感到羞愧。

在連綿的安可聲中，好友重新走至舞台中央，若有似無地朝黑暗中的他點頭致意。當第一串音符奏起，他的眼淚再也克制不住——法朗克（César Franck）的A大調小提琴奏鳴曲，他畢業音樂會的曲子，也是婚禮上與妻子合奏的曲子。

回家後，旋律一直盤踞腦海。

「就是從那天起，我開始躲在家中，不敢去店裡面對那些等待叫賣的小提琴。」

「你想過嗎？到底什麼是夢想？落在現實裡的，就不是夢想了嗎？只有你好友演奏出來的才是夢想嗎？或許，你只是在這一刻迷惑了。」我試著將他好友的陰影撥開一些些。**人生是一場終將謝幕的演奏會，我們只能選擇有限的曲子演出**，我看得出他選擇了，也竭盡所能地演出了。

「在我眼裡，謝幕後所有的掌聲，你都可以驕傲地收下。」我對他誠摯地說。

孤獨與所擁有的

後來他告訴我，好友離台前約了他到小酒館敘舊。

「其實我一直都很羨慕你，到現在還是。」好友將心中隱藏許久的話，一口氣坦承了出來。

原來，當年好友曾偷偷去找那女孩伴奏，但被拒絕了。後來知道了女孩的選擇，好友心中羨慕，卻也覺得應當如此，反而離開得平靜。在法國，語言不通很苦，但孤獨更苦，平時專注練琴還好，可是幾年之間聽到許多老同學成家立業，更覺得寂寞而一事無成。

「有一陣子，我很痛恨練琴！我不拉它，它就不說話，但我一拉它，每個音符都像在哭泣。那時我好痛恨音樂讓我失去了一切……」朋友喝著酒說。「你結婚時，我本想回來祝福你們，最後卻臨陣退縮了。後來聽說你不拉琴了，不知為何我覺得很難過，卻也因此看見了我所擁有的。我有的只是音樂，那我就更應該珍惜它。你一定沒想到吧！支撐我繼續走下去的，是你。」

他的確沒想到。遙遠的那條路上，應是全然美好的啊！

「那首安可曲是獻給你們夫妻倆的。」好友說。

他忽然懂了。

「謝謝你……」

那是一首關於愛與祝福的曲子，作曲家法朗克送給他的小提琴家朋友易沙意（Ysaÿe）的結婚禮物。

長大的男孩們相視而笑，就像很久以前那樣。

「你接下來呢？」他問好友。

「不知道，想去的地方很多，但能留下來的地方還沒找到。舞台是很寂寞的，但幸好有音樂陪我。」好友的琴盒上貼滿了世界各國的貼紙，像滿身的刺青，擁擠卻空虛。

其實，無論好友到了遙遠的法國還是在眼前，他依然是他自己，不是嗎？往昔帶給他滿足與快樂的生活依然存在，尋常日子裡的幸福也依然專屬於他。好友的音樂是屬於好友的，而他未能擁有的不盡然是失去。

人生總有未能演出的曲子，總有遺憾，但已足夠精采。

關係修復的開始

回到家，妻子與孩子都睡了，夜燈如星光守候，均勻的呼吸聲像一種安詳的等待。他擁著妻子，彷彿擁著最美的星光，在現實裡的，而不是那遙遠夢中的。

愛的領悟

的確，我們很難不用「比較」去感受這個世界，然而不同曲子裡的音符，該如何比較呢？

走在不同的路上，若能夠欣賞對方，便是美麗；若能夠安頓自己，便是滿足。

花椰菜男人

——他太在意別人怎麼看自己了

「健保卡」幾乎是每一個人的隨身證件。小小一張晶片卡上，有姓名、生日、身分證號碼，還有照片。那張照片往往沒有隨著主人長大或衰老而改變，就像平時藏在皮夾的縫隙內一樣，獨自停留在歷史的某個夾層中。

從鞋子、提包、戒指、墨鏡、香水到刺青……對於精神科醫師來說，任何關於「人」的事物都有它可以透露的故事，即使一張健保卡也是。因此，我習慣在仔細地觀察個案本身之外，也欣賞他們的健保卡：有些缺角曲摺，有些塑膠膜剝離，有些貼滿貼紙，有些遍布刮痕，有些則像是剛從黏燙的瀝青中撿回。

掐著卡片看一眼在長方框裡定格的臉，再抬頭看眼前，是另一張不知準備落淚還是綻放笑容的臉。有的胖了，有的瘦了，有的老了，而有的反而年輕了。我必須提醒自己，這是同一具靈魂，在時光裡呈現了不同的輪廓，就像同一張畫裱了不同的框而已。

……是嗎？有時，這靈魂彷彿斷裂，我的眼睛在兩張臉之間猶豫許久，依然無法得到那種平滑的延續感——真的是同一個人嗎？

習慣與聲音還比較可靠。我隔了半年見一位朋友，割了雙眼皮後的那張臉充滿陌生感，直到她用熟悉的聲音點了慣常的飲料，我才想起她靈魂的樣子。

臉蛋或許也就只是一件皮做的衣裳，輕易地便褪色了、破舊了，換一件新的了。

向前一步，更貼近彼此

零與一百的反差

他的照片是模糊的，只剩下大筆水彩暈染的那種模糊。

「洗衣機洗過就變這樣了，反正也不好看，沒差啦！」他低著頭，眼神飄移。

他眼睛小小的，眼神其實不好掌握。單眼皮、黑眼圈、雙頰凹陷且喉結突出，身形也很消瘦。鼻梁很挺，但突兀地隆起一塊。

與照片不同，眼前這張臉的線條反而很深刻，但單薄得也只剩線條。

「一直吃不胖，當兵的時候每次歸營，都被抓去驗尿。」他抱怨著。低頭說時比較流暢，一對上眼，就開始結巴。

他退伍之後，因為沒什麼專長，在同梯的介紹下去當了酒店少爺。雖然名字叫「少爺」，其實也只是穿著廉價西裝、噴刺鼻香水的僕役。

而自此，他開始愛上喝酒。

從小他就是個容易緊張的人，尤其是跟陌生人接觸時，只要人家眼睛望向他或開口跟他搭話，他就會全身一陣沸騰，面紅耳赤地說不出話來。但喝了酒之後，就好很多了。

喝酒有小費拿，有些客人喜歡給少爺灌酒，愈醉愈盡興，愈狼狽愈討喜，吐了再喝，小費加倍！他毫不猶豫地一馬當先，整瓶洋酒直接對著口喝。酒精進到血液裡，沸騰的海面平靜下來，溫暖的海風拂過，世界變得可愛遼闊。每一雙眼睛都溫柔平和，他無所畏懼，整個身體敞開擁抱每一個人，話也源源不絕地流出來。

然後，沒有酒了，世界就恢復原來的尖銳粗糙，甚至更加沉重迫近。他如被撒了鹽巴的蛞蝓，不斷地發抖萎縮。

這樣戲劇化的反差，讓他在客人、小姐間出了名，客人更喜歡找他灌酒，小姐也喜歡藉機讓他擋酒。但他真的不行了，整個身體愈縮愈小，吃不下、睡不著，一上班就想趕快喝酒，將恐怖陌生的世界灌醉；下了班卻走不出房門，戴上口罩和墨鏡，才勉強到超商買個飯糰跟蠻牛。

酒醉時隱藏的焦慮，都在酒醒後排山倒海地釋放出來。

社交焦慮症

我擔憂地告訴他，這是「**社交焦慮症**」：每當暴露在別人的目光前，他便赤裸裸般地感覺困窘，並想像別人因此察覺他尷尬的存在，更加嘲弄地注視著他，如鎂光燈逼近，燒灼他。

而酒精是意外尋得的解藥，短暫地麻痺他的焦慮，讓他在窮追不捨的目光中偷得喘息。**但酒也是毒藥，讓他更加依賴，卻終究擺脫不了焦慮**，長久下來，狀況反而加速惡化了。

但他不這樣認為，他覺得一切都只是長相的問題。

「我從小就被嘲笑，不管任何人看到我都會盯著我看，尤其是這個畸形的鼻子。然後我很容易就臉紅，他們就繼續盯著我看，我的臉就更紅……」他一邊說著，耳朵也燙紅了起來。

「所以他們有說什麼嗎？」我想知道除了他的想像外，他是否真的聽見了什麼。

他沒回答，繼續低著頭說：「在酒店也是一樣，同事說很帥的叫『花美男』，而我這種的叫『花椰菜』，想裝成花，結果只是菜。」

「可是花椰菜真的是花欸！」我忍不住認真地說。

「如果長帥一點，我就會有自信，就不會害羞不敢看人了……」他還是沒抬頭，紅通通的耳朵聽不進我的話。

過去經驗裡的挫折如一道傷刻印在靈魂裡，而在新的人際關係中，痛再度被撩起、被驗證。於是傷不斷地暴露出來，被經驗、被加深，難以癒合。

往往就是如此，因為是傷，所以就算被溫柔地對待，痛依然會被喚醒，深刻地存在那裡，於是我們總專注小心地盯著它，害怕被碰著了或者想像被碰著了……**最後卻變得分不清這份痛到底有沒有「真正」被碰著？**

社交焦慮的想像就像這私己的傷，大多時候只是「想像」，卻真實地痛著。

花美男面具

有一陣子他消失了，再出現的時候，我竟不確定那是不是他。

他換了一張臉。

割了雙眼皮，把鼻子重新整修了一番，還在臉頰上打了豐滿的蘋果肌。

「我把喝酒賺來的小費都花光啦！就當作是送給我自己的二十歲禮物。」

我眼睛離不開他的臉，實在很難跟以前的他產生連結。他的眼睛變得迷人，完美的鼻子像從雕像上移植過來的，而臉頰上那兩顆「蘋果」圓滾滾的充滿了朝氣。哇！這不僅僅是換框，而是換了整張畫吧！

「醫師，你是不是也覺得我的臉很奇怪？」他問著，還是垂下了眼。原來，藏在眼睛後的依然是我熟悉的靈魂。

「我只是覺得……真的很不一樣了。」我由衷地說。

「其實根本一樣，沒有酒我還是不行。任何人看到我都還是盯著我看，他們一定覺得我的臉很奇怪，一看就知道是整形的。」他洩氣地說。低頭迴避著對方的眼神，他說話的聲音與習慣從沒變過。

一樣對目光充滿恐懼，甚至開始厭惡鏡子中這張陌生的臉，並且繼續依靠酒精讓世界模糊，讓自己飄起來，飛過那些目光。

「唉，所以問題真的不在外表啊！就算你變成了金城武，如果沒有金城武的自信，內在的焦慮還是一樣啊！不過，至少你現在真的變成花美男了。」我嘆了口氣說，希望他不要再逃避表面底下的真實問題。

「超後悔的，而且男生去整形更容易被笑。」他意志消沉，完全抬不起頭。

「我明白你的感受，或許這樣想好了，如果今天沒去整形，你永遠不會明白問題不在這張臉。」

我總試著想，除了後悔之外，我們還能從中得到什麼？

我繼續說：「其實許多想像都不是真實的，就像你現在可能想像著我在嘲笑你的臉，打量你的焦慮，但其實不是啊！如果我沒機會告訴你，你就繼續活在自己的想像中，永遠恐懼著。對路上來來往往的人而言，你也就只是一張一瞥而過就遺失在記憶裡的臉。**真正盯著你自己的，是你的內心啊！**」

他抬起頭來，眼神仍然飄移。

「真的嗎？」

「那麼，就從診間開始，我們來練習看著對方的眼睛說話好嗎？」我看著他說，有一瞬間，終於捕捉到他的眼神。

靈魂的真相

我們的練習持續著，練習看進彼此的眼中。

他換了工作，回到陽光下生活，也慢慢減少了飲酒。雖然面對陌生人時還是坐立難安，但在診間裡，眼神與我交會的時間慢慢拉長了。

我看著他的眼睛，**看他靈魂裡那些美好、他自己卻看不見的光采，並指引於他。**

關係修復的開始

幾個月後，他的健保卡上突然換成了一張清晰的照片。是我熟悉的那張臉：單眼皮、衝出畫面挺立的鼻子，一樣退卻抑鬱的神情，但沒那麼消瘦，也明顯青春許多。

照片裡的眼睛看著鏡頭，無法閃躲。很神奇地，這張已經不存在的臉卻有著更真實的存在感。

「咦？你沒有用新的照片喔？」

「健保局說只要是兩年內的都可以。」

「這是你高中的照片吧？」

「反正沒差吧！我不喜歡拍照，手邊只有高中拍的畢業照。」他苦笑著說。

或許，他還是比較喜歡原來的自己吧？又或者那只是一種習慣？無論如何，**只要焦慮減少了一些，自己沒有矛盾，用哪一張臉去面對世界都好。至少，那雙眼睛已經從模糊之中浮現出來了。**

「咦？」我腦中突然閃過一個靈感，趕緊上網搜尋照片。「你看，你其實跟這個明星長得很像啊！」

我指著螢幕中同樣消瘦而線條銳利的一張臉。

「這誰啊？」他湊近螢幕，皺著眉問。

「日本ＳＭＡＰ的成員草彅剛啊！」對於這個剛滿二十歲沒多久的年輕人，我想ＳＭＡＰ還是老了些。

「嗯……好像真的有點像喔？嘿嘿，其實還滿帥的嘛！」他轉頭看我，等待我的回應。

他的眼神停留得久些，反倒是我不自在地先撇開了。

愛的領悟

有時換了一張臉，底下還是同一具靈魂；而有時只是同一張臉，靈魂卻發散出了不同的光芒。

診間曾有個女孩，化了濃豔的妝，底下卻是藏不住的哀傷。走過情傷後，她素顏而來，白淨的臉上反而泛著柔光。而更多人在拭去憂傷後，靈魂的笑容便浮現了出來。

臉，終究只是件輕薄的衣裳吧！靈魂才是撐起這件衣裳的實體，才是我們得面對的赤裸裸的「自我」。

隧道男人

——憂鬱給他的絕望，像是沒有盡頭的隧道

相較於山，我喜歡海，而隱藏在山之後的海更讓人嚮往。

大學時，與同學自貢寮沿草嶺古道穿入山間，撥開浪白般的芒花後，天空開展，海一瞬間吞噬了視野。我難忘那闖入心中的感動，突如其來的開闊令人彷彿自陰霾中被拉起，自由洶湧拂來，撫慰了一路的辛酸。

至此，我相信海——相信海一直在等待、守候，即使山很高、路很長，海就在那裡，靜靜呼吸，不曾離去。

我將這樣的畫面存放在心底，當鬱悶遮蔽了天空，我便閉上眼，想像那片環抱的

海，彷彿真的聽見了海浪的細語，而得到了安慰。

但不是每個人都能那樣相信著。

向前一步，更貼近彼此

被過去困住了

他哀傷地說：「我很久沒去看海了，從那時候開始……」

困在走不出去的深谷裡太久，他幾乎遺忘了海，也遺忘了生命中所曾擁有的東西。

他本來是個活躍的螺絲廠業務，大家都說他的個性如海，待人熱情，胸襟開闊。嘉義以南，跨過大武山到台東都是他負責的範圍，他喜歡駕著車四處拜訪客戶，不覺得累，反而自由。尤其是從高雄出發往台東的那段旅程，蜿蜒的南迴公路如約會前的暈眩，小小的煎熬過後，天空大口灌入呼吸，海迎面而來。他會停下車，靜靜地凝望那片海，如凝視思念的人，讓發亮的藍照亮他的眼睛，而心中的煩憂彷彿都被洗淨，都被拋在山後。

他說那是拜訪海，順道拜訪客戶。

但有一天，拜訪了十多年的海，砰然關上了門。先是台東的下游廠商改向海外下單；接著是老闆決定關閉台灣的工廠，遷移海外，為了精簡人事，他被資遣了。隔著一大片海，他被排拒在外！

快四十歲的他頓時被不安包圍，海的面貌變了，無邊無際，像眼前不知所歸的未來讓他開始感到畏懼。他嘗試了幾份工作，但總覺得侷促、不自在，沒幾個月便辭職，甚至不告而別。薪水、時間、地點、頭銜、同事……沒有什麼他不能挑剔的，漸漸地連嘗試都放棄。他找不到適合自己的工作，也找不回適合工作的自己。

他停了下來——停留在過去，無法踏進未來。

他懷念過去的日子，以及過去的自由和自信，過去的海也比較美麗溫柔。而這樣的過去，竟背叛了自己！他充滿怨恨地怪罪一切：老闆、客戶、家人，還有無情的海。

他最資深也最賣力，卻沒被公司留下。過去表面熱絡的客戶也沒替他說話，只有客套的安慰，便冷冷斷了聯繫。十幾年的青春血汗全消失在海裡，走過的路像沙灘上的足跡，被浪淹沒了，然後徹底抹平。

那終究是客戶，不是朋友；老闆也只是老闆，不是家人。

而即使是家人，也絲毫不懂他的哀傷。

「你當年如果去考公務員，現在就不會遇到這種事！」父親重提舊事，撕裂他的傷口。

「那這樣明年怎麼結婚？」而母親焦急的眼淚，加深他的痛。

他不想辯解，選擇沉默以對。

論及婚嫁的女友明白他的哀傷，靜靜地陪在身邊，等待他移動腳步。結婚的事不急，工作也不急，她唯一擔心的是那個像海的他，什麼時候回來？但他用沉默築起圍牆，不說話，也不坦露心事，女友在牆外看著陰影如山隆起，慢慢吞噬他。

失落如永無止境的隧道

大半年過去了，他幾乎足不出戶地枯坐在陰影裡，每天大海撈針般地上網尋找跟過去一模一樣的工作，累積足夠的失望後，到陽台抽菸，看底下忙碌庸俗的人，嘲笑他們不知抵抗，活該屈就卑微的工作！然後，他繼續回到陰影裡，咀嚼過期的憤恨，並嘲笑自己。

任何工作都一樣，沒有保障也沒有未來。所有的承諾都是謊言，肯定都是虛偽，最後，能用金錢計算的才有價值。責任、道義和感情都只是海面轉瞬消失的泡沫，只有像自己這樣的傻瓜才會著迷被騙，才會讓家人還有女友為他擔憂，跟著丟臉。

他不會游泳，竟還敢靠近海，並拖他們下水。沒用！活該！

不甘心是他內心巨大的陰影，而自責，是藏在陰影裡頭的大窟窿。**終究，他還是責怪自己的。**

失業對男人而言是巨大的失落，尤其是那些將生命完全傾注在工作上的人。而社會評價男人的目光，也總是落在工作的成就上。失業，便失去了目標、失去了力量，更失去了存在的光芒。

從憤怒、憂鬱到黑暗

有一天，女友問：「我有個朋友要出國，問我有沒有興趣接手她台東的民宿耶！我們一起去做好不好？」

語氣裡有刻意的熱情，但被他冰冷地拒絕了。

她維持著溫度說：「民宿前面就是沙灘，我朋友說，坐在房間裡就可以看見海，只要你抬頭，海隨時都是你的。清晨，陽光也會透入整個房間喔！」

女友彷彿說著希望，卻提醒了他的失敗無能，刺痛了他。他沒有顯露憤怒，反而畏光般地更縮入陰影裡。其實女友知道他內心對海的眷戀，想帶他去喜愛的地方重新開始，但沒想到在那沉積了半年的陰影裡，他的心一摸就碎了。

「如果你願意重新開始，不管是哪裡，我都願意陪你去。」女友不放棄地說。

「對不起，我只想留在這裡。你走吧！海邊很好，別再等我，耽誤你了。」他用無法讓人進入的黑暗將女友推開。

女友真的獨自去了台東。而他賣了鮮少使用的車，也從兩人合租的公寓搬到沒有陽台的獨立套房，窗簾厚重地將陽光隔絕在外。

擁有的東西，他一件件拋去，更疏離、更孤獨，如封閉在深谷裡。

失業太久了，他對外的憤怒逐漸熄滅，只剩心中的焦黑荒蕪。總是這樣的，**我們先用憤怒隱藏焦慮，等憤怒燃燒殆盡，憂鬱便顯露出來。然後，憂鬱加深憂鬱，黑暗又生出黑暗**，他困守的山谷被一層層包圍成無法透光的隧道，永無盡頭——通往的，只有絕望。

在診間裡，他談了太多的過去，彷彿躲在過去裡就可以迴避未來。而為何，他如此害怕面對未來呢？

過去與未來是一條延續的路；過去如影子投射向未來，而對未來的想像又重塑了過去的記憶。我們就在其間被拉扯、被擠壓，也被困住。

往前走，隧道總有盡頭

我想起另一位失業的個案，真的如電影《東京奏鳴曲》中失業的男主角，每天穿著西裝出門，到圖書館或超商逗留，佯裝工作如常，欺騙社會的目光。

而他是留在黑暗裡，逃避著世界的目光，留久了，就真的以為這世界永無白晝。

「不可能改變了……不可能好起來了……不可能走出去了……」他這樣想著，坐在狹小的房間裡抽菸，成為憂鬱的俘虜，放棄了從黑暗中脫困的希望。

但，他真的不想重回陽光嗎？

他不是害怕陽光，而是**害怕陽光像過去那般再被奪走**。他憎恨海，因為海曾經無情，而未來也必然如此。過去的傷就如此反覆地痛；而反過來，對未來的絕望也加深了他對自己的失望，他更確信，是自己的無能迎來了這不會痊癒的傷。

「自責」、「自我放棄」，再加上矛盾的「自我懲罰」——憂鬱的隧道就如此不斷地延長。愈走，走入的黑暗卻愈深，最終讓他放棄了前進，自囚於其中。

「你搭過南迴鐵路嗎？」我問。

「或許吧？很久很久以前了……」他搖搖頭，呼吸裡是濃濃的菸與塵埃的味道。

我開始說：「小時候，南迴鐵路剛通車，老師特地帶全班去體驗。我還記得老師要我們數總共通過了幾座隧道，其中那條最長的隧道，還要我們計時花多久才能通過。那時候，那是全台灣最長的隧道！我不記得花了多久，只記得比我預期的還要漫長，時間愈走愈慢，黑暗好像在跟火車賽跑，一直往前延伸……」我看著他的眼睛，像隧道一樣的黑。「那種感覺很奇怪，明知是隧道，卻還是會隱隱感到害怕，開始懷疑：我們真的能夠穿出隧道嗎？彷彿我們就要被困在巨大的山脈底下，永遠走不出來了。」

我停了一下，繼續說：「當然，最後我們還是出來了，或許是因為緊接著黑暗，陽光彷彿更燦爛，海也更藍了。長大後，每次進入這些隧道，那種不真切的感覺還是會隱隱浮現，只是我已經擁有了更多陽光與海的記憶，鮮明地存在著提醒我，讓我知道隧道總有盡頭，而我們不會被困在裡頭。」

「是嗎？」他懷疑地問。

「是啊！現在的你，就像是困在人生最長的隧道裡，眼前是永無止境的黑暗，就是那種錯覺讓你產生絕望，停了下來。但**往前走，隧道是有盡頭的，也只有往前走才能穿過黑暗**。我知道你沒有真的遺忘海，你閉上眼睛看看，它就在那裡，在隧道的出口閃閃發亮！」

我說著，也看見了記憶中的那片海。

關係修復的開始

又過了半年，女友撥了電話給他，說民宿終於安頓好了，有了空閒。

「你還記得台東的海嗎？你聽……」

電話那頭傳來海潮的聲音，一波一波流入他耳裡。

他崩潰地大哭，對女友說：

「對不起！我好想你……」

他走出房間，搭火車去了台東。

愛的領悟

男人從台東回來後，來向我道別，說要到比較靠近日出的地方，重新開始。
「台東的海還是一樣美，尤其是在陽光下。醫師，你有空也來看看，不要只是回憶。」他用曬黑的笑容說著。
「不只是海，你女友也一樣溫柔啊！」我笑著說。
「是啊！真正像海的，或許是她吧！對了，醫師，我有特別注意通過那隧道要花多少時間。你猜是多久？」
「哈哈！你還真的算啊？結果是多久呢？」
「一年，花了我一年。但就像你說的，隧道是有盡頭的。」
他的眼裡發出光芒，像隧道盡頭緩緩綻放的那朵陽光。

地圖男人

——他凡事都照著規矩走，其實是在逃避

「是怎樣的問題呢？」我看著眼前的男子問。

他三十出頭，鬢角很乾淨，頭髮也整齊地抹上了薄薄一層髮蠟，沒有一絲凌亂。

「我覺得我有強迫症。」他說。

「嗯？怎麼說？」我邀請他先開口，想聽聽他的苦惱、擔憂，還有他所以為的「強迫症」是什麼模樣。我們習於使用「強迫」這個詞，來描述一些過度且令人感覺壓迫的要求（無論是對他人或對自己的），但大多時候，這些都不是真的「強迫症」。

「醫師，你喜歡看地圖嗎？」他遲疑了一會才問。

「嗯……看地圖是滿有趣味的，但我不確定你說的『喜歡』是到什麼樣的程度。」他用問題回答我的問題，我有些訝異，卻又更加好奇。

我在腦中先將「強迫症」的診斷地圖重遊了一趟：強迫性的想法或行為，為了某些理由或免除焦慮而反覆出現，超出控制、霸占生活，且帶來了極大的痛苦。

在會談過程中，我們看似隨意地走，其實心中是有張地圖的，那張地圖便是各種診斷的「準則」，讓我們有所依循，能在複雜紛亂的行為與思緒間發現指標，不致迷途。比如：強迫地「洗手」以潔淨無形的骯髒，強迫地「檢查」以避免想像的危險，強迫地重複某種「儀式」以驅趕心中的惡靈，這些便是典型強迫症的地圖。

然而同一張地圖，每個人行走的痕跡卻不同。在診間我們已遇見過各種獨特的強迫症，也不斷從個案的苦痛中認識新的強迫症面貌。他說的「地圖」，與強迫症真的有關聯嗎？

「我很喜歡看地圖，喜歡到……我女朋友說我有點瘋狂。」

「瘋狂？嗯……你先說說看。」

他拿出一本筆記本，仿牛皮封套上印了張地圖。翻到事先整理寫下事項的那一頁，他開始像沿途播報地名般地，逐條述說。

我在心中有了模糊的印象——這種鉅細靡遺，通常是一種「焦慮」的表現。

向前一步，更貼近彼此

地圖的世界，並非真實世界

他愛地圖，甚至對地圖成癮。

家中牆上掛滿了世界各地的地圖，收藏在櫃子裡的更多，壁紙也特意找了地圖的花樣。坐在客廳中，城市恍如美麗的壓花，街巷更如細緻的脈絡濃密地攀行於牆，圍繞著他。

無論到哪裡，他都要收集新的地圖，對他來說唯有地圖，城市的臉才能完整而清楚地烙印在上面。

因為對地圖成痴，他畢業後幹起跟研究所無關的導遊工作。每到一個新城市之前，他總要找來最詳盡的地圖反覆研究、熟習每個熱門景點與冷僻角落，沒讀過地圖的地方，他是不會去的。但他的熱情也只留在地圖裡，對實際踏上的土地卻疏離淡漠，他一成不變地向遊客背誦著景點的導覽——這只是一份應該完成的「工作」，只因這些地方必去、該去，**這樣才完整**。

他不只渴望擁有地圖，更愛「看」地圖。沿著一條路，穿針引線地將地名與腦中的影像縫合起來，深入、拉遠，完完整整地看，一不小心就是一個小時。

他覺得只要用目光，便可輕鬆而自由地在地圖上做最安全的冒險。世界一覽無遺，沒有未知也沒有意外，一切都畫在地圖上，地名、方位、距離與邊界都凝固在那裡，比真實的人生順暢也安心多了。

「不會塞車，也不會迷路。」他說。

但我不禁猜想：**如果他都行走在地圖裡，那真實的世界反而是陌生的吧？**

依戀地圖，逃避現實焦慮

「你從什麼時候開始迷上地圖的？」我問。

「國小吧。以前打電動的時候不是都有張地圖嗎？隨著破關，藏在陰影裡的地圖便會浮現出來，然後就有新的寶藏要去尋找。那時候我就發現，將地圖完整展開、走遍每個角落和收集完所有寶物，可以帶給我很大的滿足。」

他口中的「完整」彷彿填補且安定了他的心，卻讓我感到冰冷空虛。

「你會因此覺得痛苦，或者想擺脫掉這個嗜好嗎？」

他認真地想了一會，重新翻閱他的筆記。「應該沒有。說實話，我還滿樂在其中的。留在地圖裡，我比較快樂，也比較放鬆。」

我發現那本筆記本就像是他的一幅小地圖。而他在生活中也似乎是如此，**必須懷抱著某種地圖，嚴謹地依循，才能徹底安心。**

幾乎沒有任何「強迫症」患者喜愛自己的「強迫症狀」。如果他厭惡地圖，開始認為是荒謬的焦慮迫使他去觀看地圖，而這反覆過度的親近猶如綁架，讓他感到痛苦，那麼他才真的走入強迫症的診斷裡。他沒有「瘋狂」，也沒有「強迫症」，但他對於地圖的渴求顯然來自某種焦慮——這份焦慮來自何處呢？我們得另外找路了。

「你覺得……地圖為什麼會讓你比較快樂、放鬆呢？」我問。

「安全感。」他不假思索地說。「看著地圖，我能夠事先規劃路線，隨時掌握自己的座標，知道終點在哪裡、路還有多遠，永遠不會迷失。」

而這些，都是現實裡沒有的，所以他才如此依戀地圖來逃避現實中的焦慮吧！就像他不斷告訴我的，**地圖是完整的象徵，而這個有限的完整隱藏了不確定性，帶給他**

無可取代的安全感。

但如今，他無法再逃避了。

「你的問題聽起來已經好久了，為什麼選擇今天過來呢？」我皺著眉問。

「嗯……其實，我準備要結婚了。」他嘆著氣說。

人生的儀式

有心理學家認為「結婚」是一種儀式，讓我們可以從人生地圖的一個階段，順利過渡到另一個階段。

畢業典禮、坐月子、彌月、喪禮……我們需要太多儀式來化解人生的焦慮了，彷彿通過了這些，疑惑便得以安息。然而，這些儀式本身卻也成了焦慮的來源：不為，便觸犯了禁忌，自此被耳語糾纏，受自卑、虧欠與罪惡感詛咒。

我不禁困惑，這些「不得不」的儀式不正是一種集體的強迫？除了免除焦慮外，我們思索過其中的意義嗎？

每個人的人生地圖其實都不同，都有人煙罕至之處，也都有遺憾。跟著人群走或許不會走失，卻會迷失。

在那偌大地圖裡迷失的，也許不僅僅是他而已。

我們才是自己人生的主角

如果無法完整看透，危險就會從未知與陰暗處冒出來，所以**他將所有的事都想像成地圖，連人生也是**：從起點到終點，在地圖上連成一條最近也最順的路線，如此按照既定的行程前進，就安全而完整了吧！

一路上，他順暢地拍照、打卡，不問為什麼，時間到了就往下一站前進，漸漸地，地圖上有了學校、銀行、停車場與屋子……接下來，該是教堂了。

他求了婚，女友欣然答應，兩人開始籌備婚禮，女友也搬了進來，準備經營共同的家。然而隨著相處緊密，她開始介入他的生活，希望換掉客廳的壁紙，撤掉讓她暈眩的地圖。

女友要他將留駐在地圖上的目光收回，移至她身上。他無法答應，但也沒勇氣拒絕。

「你瘋了！你想娶的根本就是地圖，不是我！**沒有地圖，你的路就走不下去了嗎？**」女友失望又憤怒地撕裂了他的地圖。

照規矩、按部就班，其實是一種「逃避」的行為，不問也不想，逃開了懷疑又避掉了焦慮。

躲在那個製好的框架裡，縱然身不由己，卻也理直氣壯，那是整個社會應允的護身符。

這麼做乍看會以為是前進、是追求，因而男人很容易以此來逃避——逃避選擇、逃避責任。

就像對他來說，整個人生就只是一大張由任務串連而成的「標準地圖」，這些任務都是被指派與設計好的，有範圍、路線和指引來完成他的範本人生。

但其實這是一種企圖控制不確定性的方式，也是一種逃避，拋棄了所有自我與熱情，只求完成就好，就安心了。

然而，人生終究不是一張地圖可以畫盡的，不確定性也無法因此而迴避。

人生不是旅行，是探險；相遇的人不是靜置的標誌，而是流動的風景。

關係修復的開始

「你想過為什麼要結婚嗎？」我問。

「不結婚，可以嗎？」他像弄丟地圖般茫然地問。

跟許多人一樣，他從沒真的想過，因為地圖上就是這樣畫的。為什麼要進入家庭？為什麼要擁有孩子？這些問題其實很複雜，也或許沒有標準答案，**然而他真正的問題是他從不去思考這些。雖然明明是自己人生的主角，但他彷彿置身事外，沒有情感也沒有連結，更沒有自己的欲望與氣味。**就像埋首地圖，卻從不抬頭欣賞風景。

「結婚，不是一個人的事啊！」我嘆了口氣說。「過去你一個人旅行，還可以不關心這個世界，但女友進入你的人生後，便是陪伴你行走的人，而不再只是你的地圖的一部分。接下來的路線，是你們兩人要共同討論的……」

他不能再自私地決定一切，或自私地不決定一切。

「我開始想，真的要結婚嗎？我有點害怕，怕自己沒跟上，又怕自己走錯了路。」他終於坦誠地說。

路斷了，焦慮橫阻眼前，但我想這對他來說或許是好事。**焦慮，永遠是通往自己內心的指引。**路斷了，他終於可以停下腳步思索自己的方向，不再茫然地追著地圖趕路。

女友撕毀地圖，也撕毀了婚約。而他呢？

「我辭掉導遊的工作了。」他說。

他想回頭看看，回頭找路。我祝福他。「終於要開始畫你自己的『地圖』了啊！」

愛的領悟

男人跟著地圖走，最後還是迷失了，畢竟那樣的路線是不存在的。但現在他沒了那些制約，反而可以走入真實世界。

他必須走入自己的「內心」，讓欲望與渴求成為探索人生的磁針，指出他的自我與方向，如此才能與世界、與人產生連結，而連結不就是道路，不就是滋長地圖的河流嗎？如此描繪出的地圖雖無法窮盡所有，卻是獨特且專屬於他的，也才是真實的。

以前老師常告誡我們，會談時，不要一味跟著地圖走，更要跟著個案走，如此描繪出來的面貌才真實。

或許，道理都是相同的。

找路的男人
——憂鬱需要治療，也需要自己的接納與盼望

大多時候，我們都需要一個「答案」。

無論答對也好、答錯也好，有個答案便塵埃落定，該哭或該笑起碼有憑據。就像是開關，把身後的燈關了後再打開前頭新的那一盞——讓某一段人生告個段落，收拾收拾好繼續上路。

人生有太多疑惑了，我們只好不停地「問」。能做的，歸自己的，我們咬牙地做；做不了的，歸命運的，我們認命地求，但至少要告訴我們該求神還是求己！

所以，他跟許多人一樣問我：

向前一步，更貼近彼此

這世界太不真實

他是個計程車司機。

嚴格來說，他「現在」是個計程車司機。

每天清晨五點，他便到火車站前排班等第一班列車的旅客。啜一口咖啡，他將古典樂旋至最私密的音量，看了一眼四周，前後的車子都是蛋黃色的，自己的車子也是，像成列等待被取用的小蛋糕，都是一個模樣。

當初何必為了白色還是銀灰色猶豫那麼久？最後還不是沒得選擇。

他歪頭從後視鏡裡看著自己，為了陽光換了變色鏡片，除此之外，這張臉似乎沒什麼改變。這是一張「計程車司機」的臉，他在心中自語，像是在向別人介紹鏡裡的陌生人——

世界突然安靜下來，彷彿一瞬間被抽空，他覺得這一切好不真實。

後頭的車子叭了一聲提醒他往前移。吃蛋糕的人來了，像麻雀成群湧出車站，他也醒了過來，輕踩油門緩緩滑動。人生啊！有空位就得繼續前進。

但半年了，還是好不真實。

這個看不起他、他也看不起自己的地方，不真實得如一場噩夢。

說不出口的憂鬱

原本他是位一年一聘的流浪教師，四處代課。剛畢業的時候，覺得這樣也算自由，但久了，他終於明白流浪的意思。

「自由」是有得選擇，而「流浪」沒有。

教甄考了三次，他還是沒辦法把考試跟教學分開，只要想到正在被打著分數，湧出的自卑與焦慮就讓他僵硬得說不出話來，最後他放棄了，繼續流浪。但是後來代課的職缺愈來愈少，不然就是愈縮愈短，有時只代個一、兩個月產假的課，又得空個半年。

他逐漸與同學疏離，變得封閉，代課的訊息傳不到他這兒，他也覺得自己是刻意被遺忘了。

「他們大概覺得有我這同學是個麻煩吧！」他不由得這樣想。

他生於一個教師家庭，哥哥是大學講師、妹妹在幼稚園教學。從老師身分退休的父母動用關係幫他找了幾個代課缺，但他拒絕了，因為那不是自己爭取來的，還對父親說：「我早就懷疑，自己真的有當老師的能力嗎？」

父親生氣地撂下狠話：「我家的孩子沒有不能當老師的，不然就不是我們家的人！」面對這樣的否定，他更無法啟齒，他懷疑自己有憂鬱症……

有一天，母親喚他：「明天沒事載我去醫院吧！有空先把車子洗一洗。」他頓時發覺母親的聲音蒼老了許多。

車是他畢業時，母親買的，說是他四處奔波考試，有輛車比較方便，但後來試沒考上、工作停擺，連奔波的地方也沒有，他就少開了。

這天他將車子厚厚的塵擦去，洗淨後的車子打了蠟如新生般光亮。發動了引擎，握著方向盤，他心中想著不能就這樣停下來。換一條路或許就能前進，然後，憂鬱就會好了吧。

從流浪到流放

「爸，我決定了，我要去開計程車。」他鼓起勇氣告訴父親。

父親氣得直罵：「瘋了！瘋了！」

而母親只說：「也好……」聽來卻更加蒼老了。

車子穿上蛋黃色的漆，他也穿上新的身分，加入車站前長長等待前進的人生裡。

沒想到換了一條路，自己依然跟不上。

他融不入新的生活，總覺得其他司機用異樣的眼光打量著他。過去雖短，卻成了印記與包袱，大家知道他曾是老師後，總愛用這件事來嘲諷他。

「老師好！」大家故意起身彎腰敬禮，然後哈哈大笑。

「老師你聽那個古典音樂太高尚了，我們都聽不懂。」

「老師，我們就是不愛念書才會來開車，你不要來這邊給我們上課喔！」

就這樣，他搞不清自己是先被排擠，還是先自我孤立，總之一直沒被其他人接受，而他也更接受不了自己。

沒人邀他下棋，沒人找他吃飯，沒人提醒他火車改了班次，只有他出了問題時才群起譏笑他。

開車其實不是簡單的活，他對舊地名、老地標不熟，好幾次走錯路，找不到地方。導航沒說的小路捷徑，他不敢冒險，也因此被趕時間的乘客指責繞路。這些事在排班的司機間渲染了開來，大家看到他便刻意大聲說笑。

「這不能怪他啦！大學沒教開計程車啊！哈哈哈！」

「難怪喔！他這樣可以當老師，那我就可以當校長了啦！」

無論老師也好、計程車司機也好，他兩個角色都做不好，都被看不起。當初只是流浪，現在卻像是流放於成群結隊前進的世界之外，他找不到方向，也找不到歸屬！

他愈來愈自卑、低落，每天都想逃離，勉強撐著在蛋黃色車列中出現，速度卻愈來愈慢——直到有一天，世界徹底崩解了下來……

天崩地裂的那一刻

那天清晨，他突然認不得後視鏡裡的那個自己！他好累，無法再扮演誰了，甚至連人他都扮演不下去。

前頭沒有路，麻雀嘰嘰喳喳都在嘲笑他，天色暗得可怕，陰鬱如末日般重重落了下來，他的身體無法移動，什麼都停滯了……後頭的司機不斷按鳴喇叭，他手擱在方向盤上，卻茫然望著前方一動也不動。所有司機都圍了上來，像一團麻雀在他耳邊爭食，愈來愈近、愈來愈密，他摀起耳朵，找不到縫隙呼吸，突然像個黑夜裡迷路的孩子，放聲大哭。

他被送到急診室，打了針，也約好回診。

但過了很久，他才出現在我面前。

「這種情況，是憂鬱症。」

一聽我說出這個診斷，他緊縮的肩膀瞬間垮了下來，是放鬆，也是無力。他早料想到了，卻又抗拒著，而我殘忍的宣告彷彿同時捏熄了他的不安與希望。

他接著問：

「為什麼會得憂鬱症？」

「你自己是怎麼想的呢？」

「是不是我意志力不夠？」他看著我，等待我再次證實他的猜想。

「怎麼說呢？」

「因為我沒能堅持下去，我太在意別人的眼光、太想逃避，我……」

其實我很難回答他的問題，不管歸咎於自己或怪罪命運之類的外力，都會掉入二分法的陷阱。對於憂鬱的他而言，前者會讓他繼續自責，而後者則將讓他徹底放棄。他跟許多人一樣，覺得憂鬱症代表著軟弱、自尋煩惱、智慧不夠……總之，是自己的缺陷所招致的。

的確，當身邊的人總是輕描淡寫地說著「放下」、「別想那麼多」、「你只是太愛鑽牛角尖而已」，我們很難不去這樣懷疑自己，彷彿那憂鬱症是虛構的，而憂鬱全然是自己選擇的。

然而，憂鬱症的生成不是單一因素。基因、先天氣質、成長環境、慣性思考、慢性壓力、突發的創傷……等種種因素交織串聯，先埋了伏筆，接著若隱若現地鋪陳，最後在措手不及的時刻，憂鬱從黑暗中登場。

所以憂鬱的生成是長長的一齣戲，是人與命運跌跌撞撞、又若無其事地走了一大段，最後才一起跌入一個窟窿。

是意外，也不意外。

憂鬱，常被否認或隱藏

在《疾病的隱喻》一書中，蘇珊·桑塔格談論了肺結核、癌症、愛滋病，這些疾病背負了罪惡、妖魔、懲罰、墮落的隱喻，而軟弱、意志失敗、壓抑或失控的情感，也都曾被指控是導致這些疾病的心理因素。為何書中未提及憂鬱症？我疑惑許久。

後來我才明白，憂鬱從不是隱喻，而是「明指」——明指著精神上的脆弱，毫不遮掩也無從迴避，這也讓憂鬱很難被視為一種「疾病」去討論。憂鬱本身就是黑的，不需要影子，也因此，我們否認它、隱藏它，彷彿看不見，憂鬱就會消失，最終卻放任它在黑暗中膨脹，吞噬了我們自己。

自傲又自卑的男人尤其如此。

統計數據告訴我們女性罹患憂鬱症的比例較高，卻也彷彿告誡著男人：「你沒有可能也沒有資格真的得到憂鬱症。那只是多想、只是藉口，只是你一時的軟弱！」

過去，我們將憂鬱症分為「內源性」與「反應性」，暗示著生理性與心理性的差別。但這種「二元性」的分類逐漸被捨棄了，因為憂鬱不是可以被一道牆那麼單純地一分為二的，而是複雜的生理與心理因素交織堆疊而成的。

憂鬱的扭曲想法，就像故障的方向盤

憂鬱就像糾結的一團毛線，用力抽出了任何一端，都只會讓它變成死結。我們要做的應該是將困難的部分認清，然後在能夠努力的部分拉開一點、鬆開一些，慢慢地讓結解開。

那「自己的想法」，究竟屬於哪一個部分呢？

的確，憂鬱總伴隨負面的想法，比如：自己沒有價值，世界缺乏善意，未來失去希望……因此許多人會說只要能改變這些想法，就能擺脫憂鬱，就像走錯方向了扭轉回來就好，憂鬱了，往光明的路開去就好。

是嗎？

腦中的想法，真的能像操控方向盤那般自由、簡單嗎？

那如果方向盤壞了呢？

「當想法本身就扭曲了，你要怎樣去修正？就像握著故障的方向盤，你愈急著想要拉回正確的方向，反而愈駛向錯誤的那一端。憂鬱的負面想法就像偏移的方向盤，你只顧用力，卻對不準方向，最終還是駛入黑暗。

「這陣子的你，不就是如此嗎？想要控制負面的想法，但它們還是一直湧出，於是你更自責、更憂鬱，更覺得那些負面的想法是對的，並繼續以負面方式來解釋這一切，因為你的想法從頭到尾都因憂鬱而扭曲了。」

我試著讓他了解，憂鬱症是需要治療的，正如**故障的方向盤是需要修理的**。

故障的方向盤，需要修理

「那我還能做什麼呢？」他負面的想法正讓他想著「無能為力」。

「方向盤修好之後，如果沒有靠你自己掌控好方向、踩踏油門，車子還是無法繼續找到出路前進的。」我說著需要他自己嘗試的部分。

「那……我還適合當計程車司機嗎？」

「我也不知道，或許該等你自己尋找答案。」

許多疑惑其實都沒有最終的答案。就像**迂迴的人生，每個目的地往往都不是終點，我們只能轉動方向盤，一邊尋找方向，一邊繼續前進。**

關係修復的開始

過了好一陣子，他重回駕駛座，握緊了方向盤後緩緩起步，慢慢回到了路上。

他還是繼續當計程車司機，依舊懷著疑惑，卻不再那麼茫然了。他自在地聽古典樂，自在地用網路地圖找新的路，自在地與其他計程車司機相處，看見了彼此的可愛。

過往那些艱難陰暗的道路，似乎有了不同的風光。

「有些乘客還會問我聽的曲子是什麼欸！」他興奮地說，並拿出手機拍的一張照片，那是加油站的招牌，上頭寫著：

「自助加油，自己為自己加油！」

「我還可以幫自己加油喔！」他微笑著說。

愛的領悟

面對憂鬱，就如同面對命運，我們不是那麼地全知全能，但也不是那麼地無能為力。無論憂鬱是什麼造成的，它已落在自己身上而無從逃避，我們需要治療、需要關懷，也必然需要自己。那個需要自己的部分便是屬於我們自己的，或許是信心、溫柔、接納，也或許是盼望。

酒精男人

——酒麻痺了痛苦，卻也奪去了希望

內科醫師用探頭在他脹大的肚皮上滑動，指著螢幕裡粗糙的黑白顆粒說：「肝硬化了！你看，旁邊這一大片的黑是腹水！」

他聽了沒什麼特別感覺，倒是肚皮有點冷，想再喝些酒暖身。他笑著說：「難怪，我就想我喝的是高粱，怎麼會有啤酒肚。」

「你一定要戒酒，不能再喝了。」內科醫師勸說，但他不置可否。

他被轉介過來，說是要戒酒。那是我們第一次見面，在診間。

向前一步，更貼近彼此

戒酒的動機，如轉瞬的火光

他一個人來，除了血液與呼吸裡的酒精，沒有人陪伴。

緩緩地，他踏著虛浮的步伐走了進來，面容消瘦、眼睛黃濁，呼吸裡還有濃濃的高粱氣味。酒精似乎放慢了一切，他從低垂的眼皮後看著我，心思恍惚飄蕩著，總是延遲幾秒才有回應。

酒的害處他知道，但酒的好處醫生不懂。只要有酒，肚裡那一片黑再大，他也不怕。他沒真的擔心這副身體，也沒真的想拋下酒，但他想就試試吧！

只是，習慣能改嗎？日常能斷嗎？酒給他的暖和及陪伴，還有什麼能夠取代？

「我喝酒……很多年囉！醒來我就喝，睡前要喝，渴了我也喝，能搆著什麼我都喝。」

酒成了日常，於是他愈喝愈多、愈喝愈濃，世界模模糊糊的，身體也彷彿不是自己的。

「會擔心你的身體嗎？」我問。

「醫生，老實說我不怕死，我只怕沒酒喝！」他淺笑著說，像是在說一個嚴肅的笑話。

戒酒需要動機，即使只是轉瞬的念頭，如果能捕捉到，那便是力量的源頭與改變的開端。但瞬間的火光往往稍縱即逝，未來又陷入他熟悉的黑暗，於是他停下來，先喝口酒，反正就像他說的：只要有酒，他便不怕黑。

的確，他還沒找到真心說服自己的理由，那火光太微弱了，不像是黑暗中的出口，並沒有帶來盼望。但偶爾火光閃爍時，他還是會抬頭看一眼，然後才低頭繼續喝酒。

許多人跟他一樣，都是懷抱著這樣的矛盾守著酒瓶——雖然離開酒才能清醒，但**清醒地面對黑暗又太痛苦。**誰有把握能走出黑暗？還是別離酒太遠好了，免得失溫。

那他的黑暗，是怎麼形成的呢？

輕飄飄的陷阱

「我以前可是個建築師，蓋過很多厲害的房子呢……」他醉醺醺地笑著說，像是自誇，卻又是自嘲。

退伍後便進了事務所，跟大學學妹結了婚、生了一雙兒女，也慢慢打穩了事業基礎。幾年後，同學邀他合夥創業，他對自己的能力有信心，沒猶豫太久便答應了。

而酒便是在這時滲入了他的生活。同學喜愛應酬，對他說：「這樣才能拓展人脈、增長業績啊！只要黃湯下肚，客戶連心都打開讓你蓋房子！」一開始他很排斥，覺得把作品經營好，自然能贏得口碑。但後來同學耍苦肉計，央求他去幫忙擋酒，他推辭不了，也就開始跟著去。「沒想到一杯下去，我就愛上了。」那天來看診前，他又喝了點酒，情緒像吹飽的氣球般飄飄然，在診間浮誇地說著與酒的「戀愛」。

他本來是個無法放鬆的人，認真謹慎，對人、對事與對自己的要求都很高。而酒神奇地把繃緊的神經都鬆弛了，如毛巾扭轉的身體柔軟地被攤開來，肩膀上的重量輕了，胸口上的也輕了，整個人就像漂浮在水面上，無憂無慮地徜徉著。他從未如此放鬆過，臉紅、心暖暖的，迷戀上了酒的魔法。他說，戀愛就是這樣，感覺對了，一次就逃不開了。

就像他跟妻子的第一支舞。

刻骨銘心的第一支舞

他和妻子是在大學國標舞社的迎新舞會上相遇的，當音樂響起，男生們便從廣場中央走向周圍，邀請坐著等待的女生共舞。而他一眼便尋到了她，抬頭看見她柔亮的眼睛，讓他一瞬間就醉了。

雖是國標舞社，第一首曲子仍是傳統的〈第一支舞〉，他的身體還記得練習了數十次的舞步，心卻不停旋轉、暈眩，只能依靠女孩明亮的眼睛才不致迷失方向。後面的華爾滋、探戈，全亂了節奏，反而是女孩緊抓他的手，領著滿臉通紅的他在月光下繼續旋轉……

第一支舞後，女孩成為他世界的中心，他繞著她不停地旋轉，終於轉入她心中，彼此成為最親密的舞伴，約定在人生中共舞。女孩的眼睛像是不滅的火光，領著他毫無畏懼地前進，舞入了未知與家庭。

直到酒真的灌醉了他。他變得腳步凌亂且眼神恍惚，再也看不清妻子憂慮的眼睛。

當酒精魔法失效……

酒的魔法雖神奇，效期卻很短，酒退之後，焦慮反而洶湧地漲潮，將他淹沒。

「漸漸地，我喝得比我朋友還多了啊！後來我連應酬也不去了……」因為他更常是獨自飲酒，喝酒不再是社交，而是他自己與酒精的交陪。然而，魔法的代價是難以擺脫的詛咒。他身體開始疲倦、眼神失焦，工作無法勝任，情緒也開始失控。酒精讓他有時過度亢奮、有時緊繃不安，有時甚至變得暴躁易怒，就像氣球脹得太滿了突然爆炸！

妻子勸阻他喝酒，他便生氣大罵女人家不懂男人的壓力！妻子想伸手拉他一把，他便逞強嚷著自己沒醉，甩開了她的手，搖搖晃晃地掙扎幾下又跌入了酒的懷抱。

就像踏錯了一拍，後頭的舞步也跟著凌亂，酒讓一切都陷入了惡性循環。工作上錯誤增加、壓力變大，他便喝更多的酒；但是接著情緒更不穩了，與妻子的衝突也更多了……

「不要再喝了！你這樣已經變成一個我不認識的人了，我好累、好害怕……」

「誰變了？是你變了吧！你的心變了就說啊！」

那一次，妻子奪過他的酒瓶，他搶了回來後竟砸在妻子臉上！淚水、血水與酒混

雜著流淌在妻子憂暗的臉龐，孩子的哭聲遠遠地傳來，他害怕又懊悔，不知道為何會變成這樣。但他什麼都沒做，只是繼續躲回房間喝酒。

他不放棄酒，妻子只好放棄他。妻子放開了手訴請離婚，只帶走一雙兒女，其他什麼都不要。但其實他也沒剩下什麼了，手裡只有緊抓的酒瓶，讓他成天醉醺醺地上班，醜態百出，甚至在客戶面前發酒瘋！同學忍無可忍，給了一筆錢請他退出，而他也很乾脆地離開了，反正一無所有，沒什麼好損失的，多了一筆錢正好可以買酒。

然後，腹裡的黑水慢慢地漲潮了。

火光一一熄滅，黑暗就這樣形成了，那曲終人散後孤獨的黑暗。

不一樣的火光

每次他出現在我診間，我總是多嘮叨一些，想陪他從痛苦裡尋找盼望，讓他相信自己沒有酒也能遠離憂傷，而且那才是真正的遠離。但除了煩人地說著酒精的害處、藥物的使用方法，還有那些遙遠遙遠的治療目標，我從未真的說服他。他斷斷續續地停過幾次酒，但大多是被迫，像是酒駕、意外住院。

不過那一次，總算有了不一樣的火光。

「醫生，你知道嗎？我在廣播裡聽到我和我……前妻跳的那首〈第一支舞〉，然後這幾天我都沒喝酒了。清醒的時候，世界好像不太一樣了！」

停酒的日子裡，他的軀殼內才像有靈魂，眼神比較專注，腳步也比較踏實了，雖然痛苦跟著甦醒，憂傷也依然，卻有了力量。

我緊抓著這罕有的間隙，請他也抓緊力量，別再讓酒將他拉回黑暗。

「酒讓人迷戀，尤其是在痛苦的時候，只要一口，痛苦就輕了，迷戀的感覺就回來了，然後你就會想讓它再輕一些、再持續久一些……所以當你喝了第一杯酒，你一定要求助，想辦法阻止自己再喝第二杯。」我試著跟他討論一些具體的做法，避開酒的陷阱。

「有用嗎？感覺對了，一次就逃不開了吧？」

他笑著點頭說，算是答應了。

熄滅的盼望

那一段停酒的日子，他試著去挽回前妻，但被拒絕了。多年不見，孩子已經長大，妻子辛勞地獨舞，孤單卻平靜。然而，她還沒信心能將他從酒的身邊拉開。

妻子的擔憂是對的，但他也因此給了自己再喝酒的理由。既然家庭已經無法挽回，還有什麼好害怕或盼望的呢？於是他喝了第二杯、第三杯、第四杯……就像賣火柴的女孩在寒夜裡擦亮一根又一根的火柴，點燃幻夢，等待死亡。

「只要我不放棄酒，酒就不會放棄我，哈哈哈！」他醉醺醺地笑著說，高粱已變成廉價米酒的味道。

酒給的安慰很短暫，卻很真實。它或許不是好朋友，卻成了唯一的朋友，信守承諾地麻醉內心的痛苦，麻醉一切。

關係修復的開始

最後一次見到他是住院病房的照會，他因為身體惡化而意識不清，產生了幻覺。走進病房，見他四肢被束縛在床上，臉朝天花板，彷彿凝視著某個不存在的東西。

陪病床上一名身形纖細的女子連忙站起，看起來有些憔悴。

「你是？」我對她點點頭問。

「我是他前妻。」她答，然後像怕被誤會般地緊接著說：「醫院說都聯絡不到他的親屬，打電話來說要找他小孩，但孩子們都不願意來，我便想說先來看看——」

「鼓起勇氣低下頭，卻又不敢對你說，曾經見過的女孩中，你是最美的一個……」他突然對著空氣唱起歌來，一邊唱，雙手還一邊拉扯著束縛帶比劃。

是那首〈第一支舞〉的歌詞。

「先生，你在幹什麼啊？」我靠近他耳邊問。

「我在跳舞啊！」他沒有轉頭看我，繼續沉醉在自己的舞蹈中。

「你知道你在哪裡嗎？」

「迎新舞會啊！你別吵我，我現在很緊張。」接著他繼續唱著：「只要不嫌我舞步笨拙，你是唯一的選擇……」

「他為什麼會這樣？」前妻焦慮地問我。

「他這是譫妄，因為身體狀況不好，影響大腦而產生了幻覺。」我稍微向她解釋。

這是病況不佳的徵兆。

「唉！他本來是個很好的人，但喝酒之後就變了一個人……」她伸手抓住了他努力擺動的手，彎身看著這個親密卻又陌生的男人，流下了淚來。即使在黑暗中，牽起了手便不會離散吧！

沒幾天，他便走了，據說孩子還是來了。

像賣火柴的少女，他燃盡了最後一根火柴——幻境消失，闔上眼，他回到了最終的黑暗。

愛的領悟

一開始喝酒是為了麻痺焦慮，後來變成麻痺憂傷，最後是麻痺任何真實的感受，飄飄然地，踏在崎嶇的路上也不覺得痛，待在黑暗裡也不覺得孤獨。

但酒只能麻痺，終究不能治療。

其實當男人出現在診間便帶來火光了，戒酒的動機在底下蠢蠢欲動著沒有死滅，而這不是別人可以給的，只能從他內心慢慢點燃。

身體的衰敗、生活的崩解、感情的離散……這些「痛苦」往往就是動機的火種。

動機來自害怕，也來自盼望。害怕是害怕失去，盼望則是盼望能重新擁有，只因這些是我們所在乎且賴以生存的。

PART 3 關於失去

單親的男人
——虧欠的愛太深，卻也太沉重

他很憔悴。

即使不看臉，也可從沉重的腳步聲中聽出來：過度用力，但拖了拍子。眼前全身緊繃，遲遲無法坐下的他，如一根懸在半空裹著厚厚手汗，落到節奏外的鼓棒。

「您好。」我試著跟他對上拍子。

他看著我，僵在那兒半晌，才若有似無地敲出含糊的悶聲：「嗯……」

「很緊張喔？來這裡總會這樣。要不要先坐下來，會舒服一些。」我緩慢而均勻地說，試著讓節奏凌亂的他進入一種穩定漸慢的速度裡。

然後，替他畫上一個喘息的「休止符」。他坐了下來，還開不了口，我耐心地陪他留在沉默裡。

這樣的沉默是必要的，代表我開始傾聽，也代表我們開始「交談」，即使以沉默。

他的眼神緩緩聚焦，開始從沉默中聽見了我給的拍子。

「有抽菸或喝酒嗎？」我逐步問著一些基本資料當作暖身，他跟了上來，終於有了比較穩定的心跳。

眼前的中年男子結實黝黑，眼睛布滿血絲，呼吸中有很濃的焦油味。他是個水電行老闆，最近一個月，失眠愈來愈嚴重，菸也愈抽愈多，這兩、三天更幾乎沒睡，呼吸跟心跳都亂了節奏。剛剛在店裡，他突然追不上呼吸的速度，而心跳卻感覺遲了，整個人像丟失了靈魂般感到恐懼。

「可以給我一些安眠藥嗎？我撐不住了。」說著，他的呼吸似乎又變得急促些。

「嗯，最近發生了什麼事情嗎？」我還是慢慢地說，不讓自己跟著他快起來。**沒什麼特別的，就只是慢慢說、清楚溫和地說而已**，像教堂那讓人停下腳步的沉靜鐘聲般。**有時，只是專注聽人說話，心就能平靜一些，然後對方也就能跟著平靜。**

他呼吸慢了下來，胸膛的起伏逐漸緩和，無助地看著我說：「我女兒不見了！」

向前一步，更貼近彼此

消失了的女兒

「女兒不見了？」

我皺了一下眉，是苦惱，也是困惑。這聽起來頗嚴重，也似乎不是單純精神科能處理的事情。

「你報警了嗎？」

「沒有。」

「嗯，你慢慢說。」我暗示他慢下來，也是在提醒自己。

原來，他女兒不是真的不見，只是「不想讓他看見」——女兒離家出走，消失於他的世界，然後他的世界便崩垮了。

他只有這個獨生女。在女兒剛學會走路時，妻子因為他家暴而離開了，他挽留不了妻子的心，只留下了女兒的監護權。

「那時我剛開店很忙，晚上下了工喜歡找朋友喝酒，醉醺醺地回家，聲音大了，脾氣也大了。有一晚，我太太正哄著孩子睡，叫我小聲點，結果我一聽就生氣動了手……」

他戒了酒，懷著愧疚地盡力去補償另一半的空缺，努力學習照顧女兒的大小事。白天工作時請母親幫忙，但晚上他一定都排開工作，幫女兒洗澡、吹頭髮、說故事並哄她睡覺。朋友都笑說：「你女兒不是你前世的情人，而是你今世的情人哪！」

女兒上學後，男人每天親自接送她上下學，任何活動他都不曾缺席，繼續幫女兒洗澡、吹頭、說故事並哄她睡覺。直到某一天，國小二年級的女兒回家跟他說：「爸爸，我已經長大了，以後我自己洗澡、睡覺就好。」

這時他才驚覺女兒長大了！他試著要高興，但失落愈來愈濃。搬回了剛結婚時的主臥房睡，反而輾轉難眠，總覺得房間空空蕩蕩的太安靜了。

幾天後，老師告訴他，那孩子因為洗澡的事在學校被同學嘲笑了，好幾次都難過得躲到廁所哭泣。他為自己的無知感到懊悔，自責地想，是他害女兒失去了母親，而那個空缺是粗枝大葉的父親永遠不可能取代的……

雖然，女兒不再為此哭泣了，但他們父女的相處間卻多了許多顧忌，他不敢再像以前那樣自然親暱地靠近，而女兒也逐漸變得疏離，愈來愈少主動找父親說話，也愈來愈少走出房門。

做父親的試著接受女兒的改變，望著女兒的背影繼續長大。而她，沒讓父親擔心，卻也不讓他關心。**「父親的角色或許都是這樣吧？只能遠遠地默默看著。」**男人自我安慰地想。

第一次在廁所垃圾桶看見衛生棉時，他不知所措，忍不住敲了女兒的房門。門開了，女兒冷冷地問：「什麼事？」

「嗯……只是想看看你有沒有什麼不舒服……」他支支吾吾地說。

「沒有。我在準備考試，不要再來吵我了。」女兒冷冷地回應，然後用力反鎖上門。

如風遠颺的少女背影

女兒上國中後，要求自己騎腳踏車上下學。他站在門口，看她風一般地遠離，幾乎不認得那背影了，就像他不認得女兒聽的音樂、讀的輕小說和交的朋友一般。以前那個讓他一邊梳頭髮一邊唱兒歌的小小背影，已陌生得幾乎被風吹散了。

前年，為了慶祝女兒考上第二志願的高中，他送了她一支智慧型手機，也替自己辦了一支，二十歲出頭的女店員還熱心地教他玩臉書跟Line，說是這樣才能拉近親子間的距離。他開始練習注音輸入，每天Line一些簡單的問候或提醒給女兒。一開始，她還會簡單地回應，一陣子之後，訊息就像石沉大海。

他帶著手機去問女店員，才知道什麼是「已讀不回」。但在女店員的幫忙下，他找到了女兒的臉書帳號，那片小小的手機螢幕讓他窺見了女兒門後的世界。不要緊了，女兒不讓他關心，但他可以偷偷關心女兒的臉書。

但就在一個多月前，他在女兒臉書上看見了一張手牽手的照片。幾天後，她說要跟班上一群女生去墾丁過夜，但跟著女兒的臉書卻到了台北，有個染髮又刺青的男生像是住進女兒的臉書裡般密集地出現——螢幕裡，男生坐在爵士鼓後，耍著鼓棒，像樂團的鼓手。

他開始懷疑了，但他還看不懂臉書的遊戲規則，只是繼續傳訊息問女兒墾丁天氣如何。直到他看見了女兒跟那男生接吻的自．拍．照。

「她竟然騙我！我不是反對她交男朋友，但她交那個什麼……打鼓的？看起來就是愛玩、不會負責任的！我怕她會被騙哪……」男人哽咽地說。

女兒有了真正的情人，而自己什麼都不是。

同樣的離去、思念與愧疚

他破了多年的戒喝了酒，等女兒一回家，就拿著手機質問她：「這個男生是誰？」她瞪大眼睛，緊咬嘴唇，最後憤怒地說：「你偷窺我臉書！你果然是個變態！」她有跟她母親一樣的眼睛、嘴唇，生氣的樣子幾乎一樣。他甩了女兒一巴掌說：「你現在說話的樣子跟你媽一樣！」

「你不要以為我不知道媽媽是為什麼離開的！你根本沒變！」女兒撫著臉頰，瞪大的眼裡滿是淚水。然後，她也像母親那樣離開了。

他很後悔自己打了那一巴掌，他沒再喝酒，但再也不能睡了。**女兒的離去與妻子的離去像是重演一般：同樣的酒精、同樣的憤怒，以及同樣的傷心。**

其實他一直思念著妻子，對她的離去無法忘懷，因此，他很難不在女兒身上看見妻子的影子。怨恨、後悔、虧欠、愛……**所有複雜的情感完全都投射到了女兒身上。**女兒彷彿妻子的替身，讓他可以懺悔贖罪，卻又不斷提醒著他犯下了怎樣難以彌補的過錯。

這個「父親」的角色像是自囚，卻也將女兒一同拘禁了。而這樣的愛太深，卻也太沉重，於是女兒成長中的遠離掙脫劇烈得如同背叛，讓「已讀不回」的愛，化成了憤怒。

但**女兒終究不是妻子**，她的離開是因為長大了、獨立了，因為羽翼豐滿了要練習飛翔。這與妻子的離開不同，卻喚醒了男人相同的感受，他難以區分這些強烈的愛與恨來自於哪裡，又該安置於哪裡。

等待是值得的

「你知道她去哪裡了嗎？」我問。

「不知道。老師說，她都還是有去上課，但她的臉書仍然一直出現她跟那個男的合照。」

三天前，女兒貼了一張照片，他一陣暈眩，感覺有鼓聲在耳朵裡狂暴地敲著。

「醫生，你看這個。」他拿出手機給我看，螢幕上是出現兩條線的驗孕棒，上面寫著：「致未來的母親。」

我看不懂，只能確定女兒知道父親會繼續看她的臉書。「未來的母親」是誰呢？她想告訴她父親什麼呢？又或者，她想告訴自己什麼呢？

在未經證實前，所有的猜測都只是猜測，而要證實的其中一個方法是「專注地聆聽」。**專注地聆聽，等待對方願意說的時候。**

「我該怎麼辦？」他無助地問。

「先照顧好自己，好好睡，記得吃東西，然後就是耐心地等待。」我說：「**孩子需要的是被信任。**我們相信他們會長大、會離家探險、會受傷，但也會回家。我們只要讓孩子知道，當他們想家的時候，我們會替他們開門；當他們在黑暗中迷途的時候，我們會在家裡頭點一盞永不熄滅的燈。」

「我要怎麼讓她知道呢？」他問。

「她會知道的，就照你原來關心她的方式，繼續那樣關心她吧！因為你是真的愛她，即使她懷孕了也不會改變，不是嗎？」

在安眠藥的協助下，他勉強得到了休息。依照過去默默守候的步調，他繼續傳訊息提醒女兒要注意天氣變化、照顧好自己。

這樣的等待有用嗎？我不確定。但我確定的是，急迫的攔阻與追趕是無用的。那些伸出的手往往太過用力而抓出了傷痕，追趕的姿態也往往充滿情緒，如同驅逐、拒絕，**於是孩子只看到限制與憤怒，而沒有感受到呵護及關心。**

一切最重要的，就是讓孩子感到安心，相信無論他們如何流浪迷途、如何傷痕累累，我們都願意等待他們回來。他們沉默時，我們就安靜陪伴；想訴說，我們就願意聆聽。只要他們能夠相信回家是安心的，就如同我們相信他們那般，那麼那些眼淚、傷口與痛楚，也就能慢慢被釋放、收納而平靜下來，深埋進關係裡頭，成為連結的記憶與力量。

許多時候，孩子還沒有足夠的自信，但父母要對自己與孩子有足夠的信心，等待他們成長。

等待是值得的，因為孩子是值得的。

關係修復的開始

半個月後，單親爸爸依然疲倦，但帶著開心的神情回診。

「醫生啊，我女兒回來了。原來那支驗孕棒是她朋友的照片，她故意貼上去跟男朋友開玩笑。」他說：「結果那個臭俗辣！我早就知道那隻沒擔當，他嚇得要死，逼我女兒去墮胎。我女兒也真笨，為他哭了一星期。後來想清楚，死心了，跟他分手回家了。悲哀啊！我女兒不知道有沒有為我哭過咧？哈哈哈！」

我也開心地說：「哈哈，當初你也是很緊張啊！」

驗孕棒的照片是個試探，也是一個迷惘的女孩想尋找依靠所釋放的訊息，而最終，是父親通過了試探。在感情裡試探是危險的，但或許在父親的陪伴下，女孩能少一點迷惘，多一些成長。

「對啦！醫生，你看這個……」他又拿出手機，秀出他與女兒的合照。兩人笑起來的樣子很像。

那些傷心過後，他們父女都變得更強壯了，而對待彼此卻更溫柔了。

愛的領悟

我常在想，當我們與對方的拍子錯開時，或許真的只要繼續守著穩定的節奏「等待」就好。

然而最簡單也最困難的，皆在於此。

鐵血男人

——他要重新學習缺席的父親角色

男人牽了一隻黑狗進來，毛色油亮、體態結實的牠彷彿與主人同步，脖子挺得筆直，高傲地以炯炯目光探察著診間。

他坐定後，簡潔而威嚴地下了指令：

「坐下。」

黑狗毫不遲疑便坐下，忠誠地抬頭看著主人，等待下一個指令。

他的帽子上醒目地繡了代表「上校」的三朵梅花，時時刻刻在提醒著世界，還有他自己。

我那遙遠的軍旅記憶立刻被喚醒了：剛畢業的少尉醫官不安地坐在氣氛凝重的會議桌旁，全身緊繃等待著長官的下一個指令。

如眼前這隻專注聽命的黑狗。

原來有些過往永遠不會消失，而只是淡了，躲到說不明白的感覺裡去。我敏銳地聞見了**這位「上校」的記憶、執著與陰影，是如何投射於他的內心與外在世界。**

診間的片刻是生活的縮影，而醫師與個案的互動，也往往是診間外互動的移植。帶入診間，彼此投射，糅合成流動的光影。

上校沒有低頭看狗，只是伸手輕撫牠緊繃的後頸，這讓狗兒像聽見了「稍息」般放鬆身體，馴服地緩緩趴下。

我也摸了摸自己的後頸，趕緊呼吸幾口現實的空氣，擺脫記憶裡的上校，回到診間。

對黑狗而言，他還是上校；但對我與現實來說，他已經退伍了。

那麼，對他自己而言呢？

向前一步，更貼近彼此

威嚴的上校，與焦躁的父親

「你的狗很聽話啊！」我讚嘆地說。

「是啊！當然聽話。」他也得意地答。

有人說狗會聽話是訓練的結果，食物與庇護教會了牠們服從。也有人說是擇汰後的基因，一代一代地傳承了以服從換取生存的天性。還有人說，是接近人性的情感讓牠們懂得依戀。

或許吧，在這「馴服」裡，確實流著深切的情感連結，彷彿超越了各種目的，只因主人的存在而存在。許多時候，狗兒真是比孩子還像孩子。

然而上校馴服不了的，就是他的孩子。

這讓他焦躁到夜不成眠。

上校退伍後，受學長引薦進頗具規模的物流公司當管理高層。「其實不管什麼公司都一樣，反正管的還是『人』嘛！以前我在軍隊裡什麼沒管過，從武器、文書、薪餉、伙食、衛生到心輔，只要把人管好，沒有什麼管不住的。」

然而，從過去的軍隊到現在的公司，他管人、管狗都得心應手，偏偏管不動他國三的兒子！

孩子是馴服不了的

「我只罵官，不罵兵。你要當官，就要有覺悟、有本事，準備讓我罵，只想當兵的，我不會浪費時間。」上校自傲地說。要求是期許，責備是關心，恨鐵不成鋼的憤怒則是愛，他信奉的就是這一套「鐵血教條」。

「其實我很少真的動怒，不怒而威才是高明。不管是公司還是軍隊，我的下屬都很怕我，我皺個眉頭，他們就把事辦好了。奇怪，在家裡那小子就是不怕，還故意要惹我發火！」他皺著眉說，確實不怒而威，眼神如火。

但我看見這火裡頭的氣惱已燒著了他自己。

小時候，兒子跟著母親同樣臣服於父親的鐵血教育下，仰天看他呼風喚雨、立正聽他訓話，也乖順地跟隨他巨大的背影。但上了國中後，茁壯的他早已高過父親老去的背影，開始不聽上校父親的話，這一年來更是變本加厲，染髮、抽菸、交女朋友、跳街舞，搞得父子關係烏煙瘴氣的。

做母親的看著父子間連天的烽火，焦慮卻也無能為力。威權的丈夫與叛逆的兒子，兩個自尊自大的男人，這時是絕聽不進她的話的。

至於上校，叛逆的下屬他看多了，但叛逆的兒子他看不懂。他不知道自己的威風為何馴服不了兒子。「我那天只是拍個桌子，他竟然給我翻桌走人！」上校搖著頭說。

他真的怒了，但威風盡失，兒子根本連正眼都不看他一下。這把火只能在他心口悶燒，徹夜無法平息。

在這個家裡，他被拔官了，沒人對上校敬禮。他成天發著沒人理會的脾氣，**但其實在那憤怒底下，是自覺無用的失落與孤獨。**

我開了些胃藥和安眠藥，才稍稍讓他惱人的火降溫。但我知道火不會輕易熄滅的。上校打了敗仗，但顯然不願認輸，且繼續將家庭視為戰場，註定了戰火延綿。

孤獨，是最可怕的東西

每次回診，上校都牽著黑狗一起來，他說兒子放學後都跟朋友閒混，妻子又懶得理他，於是他也只能跟黑狗閒混。而黑狗總在一聲令下後，乖巧地靜靜坐下。

「還是這麼乖？」我總忍不住讚嘆。

「對啊！只要我沒說話，牠絕對不會亂動。」

那為什麼兒子就是不聽話呢？我跟上校心中都在思索著同一個問題吧！只是問題出在「誰」身上，我們恐怕有不同的想法。我想多聽聽他的哲學，一方面是因為有趣，一方面也是想尋找問題的答案。

「有送去學校訓練？」我問。

「沒有！我自己教的。」他語調高昂地說。

「你還會訓練狗喔？」

「當然，管得了人，還怕管不了狗？」威風的樣子又回到了他身上。

他說，管人跟管狗的原則都一樣：「賞罰分明」。賞的時候不吝嗇，罰的時候不心軟。只要原則貫徹了，賞的時候說服得了自己、罰的時候說服得了對方，大家就心服口服了。

「我給牠吃上等牛排欸！」

「那處罰呢？」我好奇到底是怎樣狠心的處罰。

「我不打人也不打狗，『隔離』就是最好的處罰。軍中就是關禁閉，其實你不用打他、操他，孤獨就是最可怕的東西。」

他像是在說著不容質疑的真理。

我卻想起了他在家中的孤獨。

他說話的樣子的確有服人的威信，眼神堅定、姿態放鬆，一副無所畏懼。可以想像他在會議桌上是如何地不怒而威，讓所有疑異者都心服口服。

但家中的「飯桌」並不是會議桌，我可以想像他兒子一口都吞不下，只想起身走人。

「關係」這回事……

「管理啊，靠的是『關係』，沒有關係，管理就不存在。賞你的時候，我誠心待你好，在大家面前誇你，私下又送你大禮，有面子有裡子，你覺得這關係特別、夠甜，自然上癮。等到罰你的時候，就把你孤立起來，關係戒斷了，你苦得不得了，恨不得馬上把我求回來。所以你會討好、聽話，像狗一樣地服從。」

上校說今天特別大放送，要傳授我「管理」的祕訣。

「我給牠吃牛排，都是親自給，讓牠知道牛排是『我』給的，沒有我，就沒有牛排。所以牠上癮的是我，不是牛排。這個你們心理學叫『制約』，對不對？我在國防管理學院也有念過。」

我在心裡想著，上校說的「關係」其實就是連結與依附。人的確不能遺世獨立，總要在某個群體裡停泊。人與人之間的關係就如操控的繩索，牽引著我們的心思和歸向，賞罰的原則讓這條繩索更強韌，緊緊抓在操控的人手中。

但人與人的關係裡，真的只有賞罰、操控與服從嗎？

只聽上校繼續說：「關係啊，就像是『狗鏈』，繫上了呢，你是我的狗、我是你的主人，我們彼此認可，向外證明。你說狗鏈不舒服？勒緊了是不舒服，但不繫又沒安全感，牠以為你可要把牠拋棄了。所以你說狗真的委屈嗎？牠每天早上咬著狗鏈來，搖著尾巴要我帶牠去散步，這該怎麼說？人其實也差不多，嘴巴上說要自由獨立，心裡頭想的還是有人要你，疼你罵你！」他不吐不快，繼續拐彎向兒子宣戰。

上校說的話刺耳，卻也說中了人心裡的幽暗脆弱。我們需要關係餵養，汲取物質與心靈上的滿足、安全感、認同與依戀，即使這關係讓人窒息，許多人卻也往往離不開。

黑狗乖乖趴著，脖子上繫著皮革頸圈。我看著牠黑色的瞳孔，的確看不出有什麼委屈。在牠心中，絕對的服從就可以保證唯一的寵愛，很簡單，也很值得。

但人終究不是狗，我們要的不是只有單純的豢養。有時我們甚至寧願承受苦痛也要拋棄斷絕一段關係，好去換取更珍視的其他價值。而對於正渴求獨立自主的青春期兒子而言，或許「權力」是最重要的。

上校遺漏了「權力」這個魔鬼。

愛是共享互依

無論在軍中或公司裡，上校源源不絕的權力是「借來的」，他與下屬的關係是倚靠於群體的。但在家裡，兒子正在革命，他正在收回給父親的權力，即使魯莽而不成熟。

所以上校的管理對兒子失效了。兒子不在乎他的賞，也不畏懼他的罰，兒子正在嘗試離家，到同儕團體裡停泊。就算上校切斷了所有繩索，也無法將兒子隔離，反而是隔離了自己。

其實妻子也是，她不是懶得理會，而是存心躲著。因為多年的情分，妻子沒逃離這個家，但她刻意用生活的瑣事避開上校的鏈子，避開那冰冷的權力、缺少柔軟的相處。

妻子或許還願意保持沉默，但兒子的反叛是震天的獨立號角、成長陣痛，父親勒得愈緊，掙脫的力道就愈強。**兒子必須獨立，才能獨行至遠方去成就自己的家，在這過程中的各種束縛與劇烈拉扯，都只會為彼此帶來傷害。**

愛是流動的

所幸，關係裡真的不是只有賞罰，也不是只有權力，而是還有流動的愛。賞造成依賴，罰則造成恐懼。「服從」是來自依賴與恐懼，而不是愛。

男人一生追逐權力，逐漸對「愛」陌生了，也因被權力框限而淡忘了與人之間的那份愛。當他們返家後，忘了該卸下光環，放開手中曾擁有的權力，反而舉著已然熄滅的火把進入錯置的現實，往往更容易陷於黑暗。而權力圈不住家人，也更覺得孤獨。

現實其實沒有那麼黑暗，只是上校尚未適應。他得重新學習缺席的「丈夫」與「父親」角色，而不是繼續當自己記憶裡的上校。**上校喪失了權力，但父親還有愛。**權力是爭奪，而愛是共享互依。

父親的驕傲

「你兒子會跟你的狗玩嗎？」我問。

「會啊！這隻狗是他送的，他國一時蹺掉補習跑去打工，買了這隻狗，被我臭罵了一頓。」

「為什麼要送你狗啊？」這兒子遠離父親的權力，卻送回了愛啊！

「不知道，我沒問。」

「那狗有名字嗎？」

「有啊！『General』，將軍，也是我兒子取的。」

「你也沒問他為什麼？」

「嗯哼……」男人無所謂地搖了搖頭。

雖然高傲的上校也不會是個聽話的老爸，但我還是試著問他：「你要你兒子聽話，那你願意聽你兒子說話嗎？」

他緊鎖眉頭，沒有答話。但我明白收下禮物的上校，形影不離地照養著黑狗，其實透露了父親的溫柔。

關係修復的開始

一陣子之後，上校又帶著黑狗一起來，還打開兒子傳的訊息給我看。

你終於想問啦！我知道你沒升將軍很悶，所以送一隻「General」讓你養，看這樣會不會爽一點。

P.S.你養得還算不錯，General很聽你的話。

「你看，有兒子這樣跟老爸講話的嗎？」不怒亦不威，他的抱怨裡已沒了火。

我低頭看General，牠依然靜靜伏歇著，但頸圈上的繩子已被卸下了。「不用狗鏈啦？」

「不用啦！牠知道誰最愛牠，趕不走啦！」上校豪氣地說，但這時的威風拂來，舒服多了。

這是父親的驕傲，而不是上校的驕傲。

愛的領悟

因為愛，我們傾聽、信任、陪伴並包容。
是這些讓關係綿密卻溫柔，怎樣拉扯也不會斷裂。
是這些讓兒子成為父親後，還惦記著自己的父親，在超越了父親的背影後，還能回頭思念。

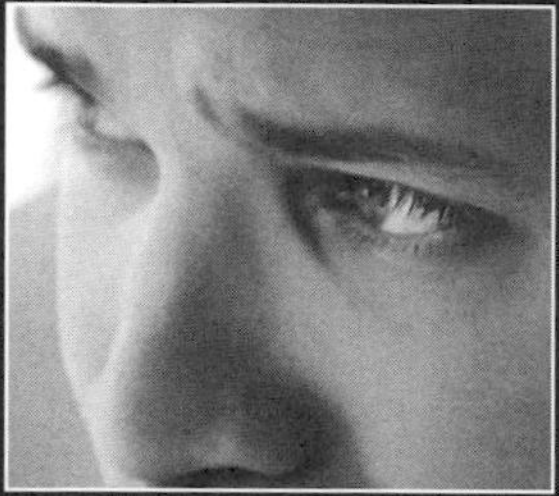

冰的男人
——他原以為只要夠堅強，就能讓哀傷消失

哀傷是無形的，卻也是無所不在的。

看過那麼多哀傷的眼眸，我仍不敢說我真的可以一眼辨識出它。許多時候，它仍是徹徹底底地被隱藏起來，隱藏在忙碌的生活、遺忘的記憶或是放下的信仰裡，似乎只要別閒下來、別想起，哀傷似乎就不會再被提起，也再不會有重量。

直到某一刻它從裂縫洩漏了，片斷地被說出，我才能靠近它一些，看見它的濃稠與巨大，還有承載的那個人所擁有的堅毅與脆弱。

個案多少是帶著哀傷進入診間的。生命走遠了，總有傷；歲月長了，總有遺憾與

失落。孤單來、孤單去，留下來的人總是閃避不了一路上的諸多孤單。

儘管我可以猜、可以假設，或者可以武斷地事先想像那些尚無頭緒的哀傷，是躲在失眠、嘆息、身體的疼痛或其他面具後頭，但**每個人的哀傷，都是獨一無二的**。哀傷有太多面貌了，人也有太多收藏哀傷的方式，往往在它真正流瀉出來之後，我才驚覺它竟藏在那兒，且埋得如此之深。也才明白眼前的靈魂是用了多大的力氣包覆那些傷口，才走到我面前。

因此，從他們身上，我總是不斷地在學習——學習那些看不透也望不盡的哀傷，學習脆弱與堅毅如何在同一具靈魂裡拉扯、並存。

向前一步，更貼近彼此

從心而發的寒冷

入秋微涼，但他已圈著圍巾加裹著厚大衣，彷若從寒冬中走來。他縮著身子說自已怕冷，只要氣溫稍降，虛寒的體質便頂不住，覺得手腳冰冷、胸悶無力，頭痛如冰錐猛鑿。

他體內好似比一般人少一爐火，即使夏天也包得緊緊的，深怕熱氣流散，而風一吹，帶走了溫度，頭痛便又緊追襲來。為此他四處求醫，從心臟、胸腔、神經到內分泌，該抽的血都抽了，影像檢查也搜遍全身，但仍一無所獲，找不出爐火熄滅的原因。

聽著他述說對冰冷的恐懼，實在難以想像他原是一位——冰店老闆。

我不禁猜想，那血液中尋不著且影像裡看不見的，是無形的哀傷嗎？

沒有走出哀傷的人

一年前，一場車禍奪走了他才國小的女兒。在與死神拔河的那段時間，他在醫院、廟宇與冰店間四處奔波，不敢闔眼。他說，寒氣在那時趁虛而入，滲入了底子，從此頭痛糾纏，冰冷成了他心中的魔鬼。

「那陣子，一定很難過……」我說，探尋著哀傷的痕跡。

他停了幾秒，沒有說話，我似乎靠近了哀傷，但其實還離得遠遠的。

「別說了，都過去了。」他撇開目光，讓逸漏的哀傷再度冰封起來，正如同以往他隱藏自己，還有這份哀傷被收藏的方式。

其實這一年來，他一直沒有訴說哀傷的機會。**他不被允許，也不允許自己**。即使在我面前，哀傷也是禁忌，彷彿說了，好不容易穩定的世界就會崩塌，那些好不容易淡忘的與收拾好的，都得重新經歷一次。

但他從沒真正好好地經歷過屬於「他」的哀傷，他只是被時間拖著往前走，哀傷被迫中斷，然後凌亂地隱藏起來。表面上，哀傷真的消失在過去了，那冰冷卻凝凍在身體裡，擺脫不了。

哀傷的祕密

從冰櫃移入棺木前，他捧著女兒的臉，細細看著她闔眼熟睡的樣子。本以為女兒長大後，這輩子再也無法靠她如此地近，沒想到竟在她無法開口拒絕的時候，偷到了機會。就像小時候偷看她睡著的小臉蛋，只是這次，她不會再醒來，不會再突然睜開眼，然後生氣地用棉被蒙住頭。

他記得很清楚，手一碰著女兒的臉，身子便開始發抖，冰冷從他的掌心透入心扉，存入了記憶——好冷！比冰塊還冷。

那一瞬間，他的爐火熄滅了。「呼……」一聲，像吹熄了屋裡最後一盞燭火，告訴他不用再等，女兒不會再回來了。

「我一直藏著這個祕密，不敢告訴任何人，因為沒人想談……」每當哀傷起了頭，那些若有似無的迴避眼神都在暗示他：該放下了，別再說了。

更因為他必須堅強起來照顧妻子，那個他口中「沒有走出哀傷的人」。

有種眼淚，是流不出的……

他很快便整理好女兒的遺物，打包封箱，接著轉身回到生活裡，但妻子仍活在淚水中，經常待在女兒的房間哭泣。他陪著妻子就醫，像置身事外地描述妻子的哀傷。每當有人試探地問起，他總苦笑著回：「當媽媽的難免比較難過。」然後繼續挺直身子，攙扶起憂傷的妻子。

或許他必須站在憂鬱外頭，才能讓憂鬱依靠。

但他瞞不過自己的身體，開冰店的他竟開始對店裡的「冰塊」產生恐懼，即使戴上手套，冰冷還是穿透掌心，竄入胸口，讓他感到一陣心悸，彷若瀕臨死亡。

努力了一陣子，總還是無法克服冰冷，遇客人上門點冰，他打開冰櫃又關上，發著抖騙說：「不好意思，冰塊沒了。」

冰店的生意終究無法繼續下去，他換到親戚的麵店幫忙，躲在熱湯的蒸氣裡，勉強逃開了對冰冷的恐懼，但畏寒的體質一直沒有好轉。

妻子的憂傷也是。

有一天，妻子甩開了他的攙扶，搬到女兒房間睡。她無法諒解他將冰店結束，憤怒地控訴他冷血無情，一滴淚也沒掉過，只想把女兒忘掉，繼續正常過日子。

「你在急什麼？你可以假裝沒這個女兒，但我沒辦法！如果傷心對你來說是負擔，我留在女兒的房間就好！」

「不是這樣的……」他想辯解，但還是忍了下來。

「不是這樣？那為什麼你擅自把冰店關掉？大家都說你在麵店做得很起勁，看不出難過的樣子。你把什麼都收起來了！我什麼都找不到了！」她哭著說。

他答不出話，沒想到妻子竟然會這樣說，妻子的哭訴讓他感覺罪惡，好寂寞好冰冷，心像被揪住了一樣喘不過氣。

他說的盡是冰冷，我聽見的卻是哀傷。

有的哀傷，不能被找到……

其實他的哀傷不是找不到，而是不能被找到。他自己明白，假如不離開冰店，心裡的哀傷是不會消失的。

對別人而言，這個做父親的哀傷太短暫，一下子就消失得無影無蹤。但是對他來說，整間冰店內卻布滿了永恆的哀傷痕跡。

「他們不知道，我如果不離開，就只會看到我女兒的身影不斷不斷地在店裡穿梭……」他紅著眼回憶著。

她曾在角落的嬰兒車裡探出頭來，好奇地尋找刨冰機的聲音；她曾瞪大眼睛，驚喜地品嚐嘴裡糖水的滋味；她曾捧著碎冰咯咯地笑，然後看著冰在掌心融化，用稚嫩的聲音討著：「冰冰，還要。」

而不知道從什麼時候開始，女兒成為了他生活的刻度：送女兒上學後，便準備開店；下午妻子載女兒回來後，放學的人潮湧入。女兒總會偷拿一罐煉乳回角落固定的位子，淋在她喜愛的芋頭牛奶冰上。在忙碌中，他不忘穿過震耳的刨冰聲，大聲提醒女兒小心蛀牙。然後，天黑得很快，女兒上樓，同時飄來晚餐的香味，他準備關店在整理桌面時，總會撿到女兒遺落的小東西……

女兒離開後，生活的節奏全亂了！什麼時候要拉開店門？什麼時候又要關上店門呢？這些時刻，自然會想起她，期待她出現，然後再一次重重地落空。女兒遺留下的空白如斷橋，哀傷滾滾流過，他常常就這樣望著恍神，找不到繼續往前的路。

面對哀傷，男人常選擇否認

我想起一位失去兒子的母親。過去她總在鄰近學校的鐘聲響起時，匆匆拿起便當，催促兒子上學；而如今鐘聲依舊，她面對空白的早晨，被提醒的卻只剩哀傷。

就像鐘聲喚醒了那位母親的哀傷，對他而言，「冰冷」是店裡的冰，也是女兒的臉。失落的哀傷與死亡的恐懼，全被冰冷連結了起來，**他說他怕冷，其實他更怕的是哀傷。**

為何害怕呢？

因為，哀傷觸碰了他靈魂的脆弱，而他總以為自己必須堅強，才能擁有力量，也誤以為自己的哀傷必須先消失，妻子的哀傷才會跟著消失。

但面對摯愛的離去，誰能不傷心？的確，哀傷透露了靈魂的脆弱，可是**我們靈魂深處其實也擁有足夠的堅毅，能與脆弱共存。**

在《當綠葉緩緩落下》一書中，「生死學大師」伊麗莎白・庫伯勒・羅斯寫道：「堅強與悲傷並不衝突，一個人必須夠堅強才能面對悲傷，到了最後，悲傷能牽引出你從不知道的堅強力量。」

然而就像他一樣，許多男人並不習慣這樣的脆弱，以為脆弱與堅毅是互斥、對立的。失去摯愛的哀傷夾雜了關於死亡的恐懼，那往往比想像更巨大，彷彿一切隨時都會被奪走，而自己什麼都無法掌握也無力阻擋。所以男人選擇否認、隱藏，讓哀傷無跡可尋，最好在洩漏之前就被掩埋，才不會失去力量。

但埋得再深，哀傷都不會真的消失，它就在那裡，如生命的伏流，與鐘聲連結、與冰冷連結，暗潮洶湧。

讓哀傷對話

電影《因為愛情》是一個關於喪子之痛的故事。導演特意將故事分成了《在她消失以後》及《在離開他以後》兩部，分別從丈夫與妻子的眼睛，去窺看各自的哀傷。

電影裡，大家對夭折的兒子避而不談，親友的問候隱晦，牆上的照片也被取下。某一天，妻子帶著沉默的哀傷離開了。丈夫不明白妻子為何不告而別，留他茫然面對事業與婚姻的挫敗；而妻子無法原諒丈夫竟能在喪子之後，馬上將兒子的一切鎖上，輕易地跨過那道空隙。兩部電影中，哀傷都是如此巨大，但彼此相距卻如此遙遠。那主觀的孤獨與不被理解的哀傷，竟能如此深且痛地被詮釋，令我無法忘懷。

這個畏冰的男人不也是如此嗎？妻子走不出來，他卻走不進去，於是彼此的哀傷都孤獨無依。

「你擁有哀傷的權利，任何人都有，你的妻子也有。而且，沒有人可以決定你哀傷的方式、對你的哀傷評論，或者要求你如何哀傷，因為沒有人比你更明白自己。只是，你跟妻子的哀傷似乎沒有了對話，讓你們看不見對方了。」

我看著他彷彿被凍傷的眼睛，緩緩地說。

關係修復的開始

他試著告訴妻子關於冰冷的事情。內心的哀傷、恐懼與孤獨，他帶著不安，一點一點坦露出來。

他邊說邊流下了眼淚，妻子反而止住了哭泣，抱著丈夫說：

「至少我現在知道，我不是獨自一個人面對了。」

哀傷終於可以在兩人之間流動，融在一起。而原來，他不須那麼堅強，妻子也不是那麼脆弱。

討論過後，他們一同回到冰店，他負責熬煮配料，妻子負責刨冰。哀傷沒有因此消失，他們一同想起、一同哭泣……然後漸漸地，哀傷不再那麼地沉重，他們哭泣的時候，開始有了笑容。

隔年女兒的忌日，他拿出冰塊，親手為女兒做了一碗芋頭牛奶冰，還淋上了滿滿的煉乳，想起女兒將冰舀入口中時滿足的神情，心裡暖暖地，終於有了溫度。

愛的領悟

哀傷是療傷的過程，我們都需要足夠的時間與哀傷相處，感受它、確認它並陪伴它，然後才能真正地告別。就像伊麗莎白·庫伯勒·羅斯說的：

悲傷必須被看見，才能治癒。

被自己看見，也被彼此看見。

冰融化了，才能化成水往前流。

落葉男人

——衰老並不可怕，「遺忘」與「被遺忘」才可怕

孩子長大的速度，好似比時間飛逝還快。許多時候，乍然又發現孩子從豐沃的自身中綻放出驚豔的花，像是說了一個故事、畫了一幅想像，或是對世界提出了理解後的疑惑，我都會慌張地翻找書中的對照表，仔細思索這孩子的年紀到底到了何處？

說起來汗顏，那些認知、語言、運動與社交功能的進展里程我總是記不住。即使有了孩子後，跟著她一格一格跳躍前進，我總還是在驚呼後便忘了：什麼時候開始沒把「你」、「我」混淆？什麼時候開始一階一步地爬樓梯？什麼時候畫出了三角形？什麼時候開始玩扮家家酒？什麼時候開始有了想像的動物陪伴？

在我眼裡，關於孩子的一切都太快了，快得讓我追不上，尤其當我意識到自己正無法避免地不知不覺緩慢下來。

一日，我必須摘下眼鏡才能看清近物，頓時我明白生命之中，孩子是順風，而我是逆風。

於是，對孩子長大的期待開始生出了不捨，這或許是來自於自己對衰老的焦慮吧！

向前一步，更貼近彼此

衰老的孤獨

老先生被一群人簇擁著進來，不像是光榮的行進，反而是種既被呵護又被脅迫著的護送，幫助他以虛弱而蹣跚的步伐緩緩坐了定位。

小小的診間旋即被護送的人塞滿，但眼前的老先生卻囚在自己的孤獨裡，神情落寞，憂傷與焦慮抓皺了整張臉。他重重的每一口呼吸都是嘆息，將心一口一口吐空了。

坐在一旁的妻子握著他的手輕輕拍著，但他毫無知覺般地沒有任何回應。孩子圍在一旁，忍不住搶話。

「我們知道他有心事，但他都不說。」大兒子不經意流露了指責。

「我們擔心他是不是……有點憂鬱？」小女兒吞吞吐吐接著說。

這時老先生突然抬起頭，以堅硬的絕望說著：「我沒有憂鬱。我只是老了，不中用了……」

淚在他眼眶中打轉，沒落下來。在孩子面前，他不許哭。

他開始解釋，他從眼睛、耳朵、腳步到腦袋，這一身殘破能有什麼用？他不是不想出門，而是力不從心，真的出不了門。他否認著心的殘破，對他而言，身體可以殘破，但心不可以。

老了敗給年歲還算光榮，但敗給「憂鬱」則是軟弱。

當然，他是憂鬱的。**他有足夠的理由哀傷，因為歲月磨損的不僅僅是身軀，還有靈魂與心。**只是他也跟許多老人一樣，說著病痛，卻把心藏得很深。

老校長的心

他是個退休校長。妻子小了他好幾歲，兩人的感情很好，常可見他們牽著手一同散步、逛市場，也一同在教會裡唱詩。

一開始是他拉著妻子去的，他教妻子看譜、陪著她在家練唱，害羞的妻子拗不過他，躲在他的影子裡，也漸漸唱出聲來。

但不知什麼時候開始，老校長的聲音小了、倦了，換他躲著妻子的邀約，不再上教堂唱詩。

起先他還會說些理由，推說前晚睡不好、感冒聲音啞或天氣冷出門頭疼，到了後來他什麼也不說，就只是枯坐在家裡，像一棵葉子落盡了無法再被春天喚醒的樹，就此失去了活力。

妻子不想讓孩子煩心，沒跟任何人說，就只是緊緊握著他的手，在旁陪著、看著，卻再也拉不動他。

以前老校長是棵高聳茂密的樹，俯瞰著整間學校，也庇蔭整個家。因為傳統大男人心態作祟，婚後，他便把妻子藏在影子裡護著，他是妻子的耳目、腦袋、身軀與靈魂的依靠，非得把妻子護得嬌弱如花，他才覺得自己是個能扛起天的男人。他就這樣擋著強風烈日，拉著妻子往前走。路是他帶的，人生是他闖的，幸福也是他從天上摘下來的。

然而，老與病也先落在了他身上。

勉強挺立的自尊

老校長先是眼前模糊，看不清樂譜；接著是耳裡悶塞，聽不見自己的聲音。最後他跌一跤摔裂了骨頭，從此跟不上指揮，也跟不上妻子與生活的速度。

教友們都安慰他，跟不上，慢下來就好。但即使開了白內障，他看歌詞還是吃力，戴不慣的助聽器也總讓他覺得尖銳刺耳。唱詩班去了幾次，他一開口，大家便靜了下來沒出聲，但他心裡明白，習慣領在前頭的他如今落後了，在慢下來的生活中，他成了累贅。

所以他乾脆不看、不聽也不走了。葉子落盡了的樹還是樹嗎？他離開教堂，離開陽光，離開森林，覺得自己不再擁有生命，只是棵無用的枯木，等待腐朽，化為塵土。

但他還是勉強挺立著。那是一種飽受折磨後殘存的尊嚴，一點面對死亡僅餘的渺小驕傲。

他不是沒想過放棄生命，但他更在意的是如何驕傲地放棄。**男人如此，老男人更是，他們矛盾地對抗著憂鬱、絕望與死亡帶來的羞辱。**

直到一天，他放棄了對抗。

葉子不見了

那天他突然找不到珍藏的書籤，那是一片只餘下紋脈的鏤空葉子。

葉子是他跟妻子第一次見面那天拾回的，他花許多心思把它壓乾成了書籤。

他喜愛閱讀，一次只專心看一本書，幾十年來，那片葉子便這麼陪著他睡在文字裡。

他很久沒拿起書了，忘了最後拿起的是哪一本，那天看著窗外的落葉，他猛然想起要找書籤，在書房與記憶裡卻都遍尋不著。

他用顫抖的手將好幾本書撕爛，接著淒厲地哭了起來。

妻子慌了，她從沒看丈夫這樣過，她終於打電話向孩子求救，混著啜泣說：

「葉子不見了！你們爸爸……在哭……病了……病了……」

於是孩子們合力將他拖來，想知道「父親」這棵原本頂天立地的樹，患了什麼蟲害。

衰老，是一連串「失去」的過程

簡媜在《誰在銀閃閃的地方，等你》中寫道：

「老，是賊，偷了明眸、皓齒、烏絲，也竊了你那黑桑椹般溢著果蜜與酒香、飄著情歌與甜夢的夜……」

「失去」如轟然的山崩，是引發憂鬱的巨大陷落，那個失去的對象不僅是所愛之人或物，也可能包含了自身：一隻腿、一只乳房、一張臉或一段記憶……

而**「衰老」，往往就是一連串急促又難以逆轉的失去過程**，從感官、力量、思想到希望等一個個接連失去，在我們沒有防備時，人生毫無緩衝地急速墜落，快到讓人措手不及。

儘管我們都明白人逃避不了死亡，但我們往往沒準備好面對衰老。

衰老才剛敲門，死亡就守在門外。

或許對許多人而言，最終的死亡並不可怕，是那一點一滴的「失去」讓人痛苦、屈辱，那種倒數計時的消磨剝奪，才是真的殘忍。

然而，哀傷與種種失去之間的關係是曖昧的：失去帶來了哀傷，卻也給予了哀傷隱藏的空間。衰老的變化是真的，身體的痛楚也是真的，於是老人家們可以將那不習慣述說、害怕坦露的哀傷，用這些具體的殘破替代。

我想起一位老婦人，她為了全身蔓延的病痛四處求診，但屢屢得到的答案是：「你沒病，你只是退化。」

「那意思不就是『我的身軀內面攏乾去』啊！」她沮喪地說。

我們看不見風，只看得見落葉；看不見時間，只看得見蒼老；看不見哀傷，只看得見身體的傷。

而對於那看得見的，才能喊痛。

對於衰老，我們需要同理

老年精神醫師馬克．艾格洛寧在《生命永不落》一書中，提及美國前總統湯瑪斯．傑佛遜哀嘆衰老的一封信：

「身體的衰敗前景黯淡，但在人類所有的沉思默想之中，最可憎者莫過於，沒有心智的身體。」

最後一片落葉便是記憶的失去。殘破的軀殼尚可收納靈魂，但**遺忘是靈魂被抽空，讓我們面臨「自己將徹底消失」的恐懼。**

感官被剝奪後，便會與世界漸漸斷了聯繫，內心沒了訪客，自然陷入孤獨。但對老校長而言，孤獨並不可怕，「遺忘」與「被遺忘」才可怕。

「那片葉子對你來說，一定很重要吧？」我問。

他沒說話。

「你很擔心，再也找不到它了。」

他依然沉默著。

「我想，它只是暫時不見了，但它一定還存在你身邊。等你有力氣了，會慢慢找到的。」我用我相信的事安慰著他。

憂鬱會伴隨認知功能的下降，諸如記憶、注意力、思考速度等等，並因此帶來對失智的恐懼，加深了自我的「無價值感」。

所幸，我們所失去的並不如所以為的那麼多，許多人在撥開憂鬱之後，慢慢找回了、甚至發現了一些新的東西。

治療的過程緩慢，他的妻子問我該怎麼做。

「其實您一直都在做，也做得比任何人都好——就請您繼續陪伴著他吧！」

陪伴，是最簡單也最困難的事。

關係修復的開始

不知是藥物、陪伴還是時間本身吹散了憂鬱，許久之後，老校長回到了教會，但不是回到唱詩班，而是陪年輕人讀經。

那片葉子，原來就收在《聖經》裡。

「雖然我現在看得很慢，卻看懂了更多，應該說我有了更不同的領會，或許真的是因為路阻斷了，所以我到了未曾想像的地方，像是從死亡的背後回頭看。老實講，我還是在繼續遺忘許多事，但我卻不感到害怕了。」

他輕輕地撫著身旁妻子的手。

我看著話說得緩慢卻意味深長的老校長，感受到一股類似祝福的溫暖。

「有些事情，真的不是眼睛看得見、耳朵聽得到的，甚至不是腦袋能思考出來的。對我來說，我終於把生命空出來，讓上帝進駐了。」

他翻開《聖經》，從中拿出一片葉脈做的書籤。

「謝謝你，這片葉子送你。」

那片葉子比我想像中的殘破也美麗，腐蝕殆盡後的乾涸葉脈像是生命軌跡，當繁花落盡後，烙印在世界上的寧靜紋路。

正如我所相信的，無論衰老與死亡如何將有形的一切剝奪或終止，靈魂將以某種形式留存下來。

這是一份貴重的禮物，我懷著感恩收下並向他道謝，他露出笑容，蕩漾著滿臉的皺紋，也搖晃了我。

此時我明白了，這片葉子上正寄託著他靈魂的一部分，充滿力量。

他與妻子牽著手一同離去，步履緩慢，但那背影卻彷彿掙脫了束縛，準備起飛。

我像是看著孩子的背影，知道自己追不上了。

愛的領悟

衰老，未必只能是死亡的前奏曲。

若能在漸緩沉降的樂音中獲得安詳寧靜，那將是完滿的回歸，在生命尾聲前，最豐沛的讚歌。

棋盤男人

——沒有人可以去走別人的人生棋局

老先生兀自開了門走入診間，不發一語地環顧四周，眼神高高地飄過我眉梢，如一隻盤旋的老鷹。他在等待我先開口；而我知道他是帶著要求而來，並非請求。

我帶著禮貌性的敬意請他先坐。他熟練地坐了下來，就像他熟練地度過了人生一般，任何一個位置都彷若他的王位，世界就在他腳下。

時光讓他的身形縮小了，他抿著嘴，下巴微仰，眼睛平視於我。在他歲月的眼神前，我反而覺得矮小。

我喝了口水，撫著鍵盤，思忖我這小御醫該怎麼替太上皇把脈。

其實，他要的只是尊敬。

向前一步，更貼近彼此

要求與請求

就像那些被時間扯薄的皮膚一樣，他的自尊脆弱如金箔，一刮就破。**時光已奪走了太多東西，讓他防衛地揚起下巴，彷彿在警告著：別想再從我這裡奪走什麼！**

但只因我是醫師，所以他來了，勉為其難地拜訪我這個閱歷不深又見識淺薄的小伙子。

老先生想的也是對的，他遺忘的比我記得的還多，放下的也比我尚未背負的還多。人生路上，縱然他腳步慢了，我也不一定追得上，更遑論在他前頭領路。誰走的人生路長，誰說的人生道理似乎就較有理，歲月如一枚枚勳章，別上了，自然有種不得不的驕傲。

我們之間形成了某種默契，畢竟他不是我遇到的第一位老先生，而我也不是他遇到的第一個小醫師。他堅持著居高臨下，射出蒼茫而銳利的眼神，但我醫師該有的專業也沒因此動搖，反正他懂的，我向他學習；我懂的，我向他說明。「要求」跟「請求」的差別，也許只是表面上的勝負而已。

於是，我開始向他請教他的人生。

老先生的憂鬱

果然，他因失眠而來。但當我問起原因，他卻屢屢搖頭說：「我不知道！」隱約在暗示著我，他不知道，那我這毛頭小子更不可能曉得了。

老先生失眠十幾年了，陸續因為搬家或朋友介紹而換過幾間精神科診所，今天剛巧路過看見了招牌，想說就近方便而推門進來。

累積了無數個夜晚，老先生安眠藥吃了不少。處方中還有抗憂鬱劑，但藏在厚厚的失眠底下，「憂鬱」變得有些模糊曖昧，彷彿憂鬱已不是他的，而是不知誰忘了帶走的。人生長了，自然很多記憶都不是那麼清晰，也自然很多記憶都不想那麼清晰。

我保持著禮貌，想把憂鬱看得清楚一些。

「最近心情怎麼樣呢？」

「普通啦！」

「有特別操煩的事情嗎？」

「沒啦！孩子都長大了，事業也順利，是要操心什麼？」

「那你平常都怎麼安排你的生活？」

「四處走走，一個人住很清閒，早上游泳，下午就去公園下棋，傍晚早早就睡了。」

「哦！你都下什麼棋？」

「暗棋啊！趣味趣味啦！」

「有比賽嗎？你應該滿厲害的哦？」

「沒什麼啦！你就照這樣開給我，我自己會調整啦！」老先生很快就不耐煩了。

老先生簡短的語言像一道道鎖，將自己的故事緊緊地掩在門後。初次見面，他只願意開個細縫讓我把藥包塞進去。

但他很規律地回診，漸漸地，眼神鬆懈了一些，卻依然沒有笑容，那種自然而然地像花綻放來迎接陽光的笑容。

雖然每次我都會苦勸老先生慢慢減少安眠藥的劑量，可是他無動於衷，只會不耐煩地嫌我嘮叨。

「知道啦！吃習慣了，我很清楚啦！我自己調整就可以了。」

藥物方面不容我置喙，我只好收起我的奏摺，開始欣賞起他的勳章。之後的回診，我像是一個主持人，訪問他的人生。

房子很大，心卻很空

年輕時，他白手起家開了間水產加工廠，後來愈做愈大，幾乎壟斷了外銷市場。他工作認真，凡事親力親為，無論市場開拓或產品開發，都由他盤算，下屬只是棋子，乖乖在他的事業版圖上按部就班地執行任務就好。

他的兩個兒子也是。大兒子出國念了商業管理，回國後在公司從基層磨練起，一階一階，踏穩了才准往上爬。二兒子比較掌握不住，但他還是抓著風箏的線，不讓二兒子飛太遠。

「老大吃苦耐勞，我交辦的事情，他都能處理好。小的呢雖然浮了些，但也念完音樂碩士啦，他在北部當老師，最近剛結婚，媳婦還是留美的音樂博士！」他擦亮勳章驕傲地說，要我繼續聽著。

十幾年前，他看著朋友陸續退休，便決定交棒給大兒子，他跟妻子搬到了較幽靜的平房，準備開始下人生的另一盤棋。沒料到一開局，他便輸給了老天爺——在清晨的微光中，妻子在花園裡昏倒了，送到醫院時早沒了呼吸和心跳！

「她容易緊張，心臟不好。」老先生說，一瞬間眼神黯淡了，如永遠穿不透烏雲的陽光。

這步棋亂了老先生的局。但很快地他又重開新局，賣掉了平房，用二兒子的名字買了棟透天厝。

「這樣比較公平啦！不然我也沒留什麼給小的。當老師存不到錢，媳婦在大學兼課，聽說薪水也不高，我叫他們乾脆搬回來，我一個人住那麼大一間，有點浪費。」

然而，他開始失眠了。

房子很大，心卻很空。我彷彿看見偌大房子裡孤獨的燈，等待著不歸的人。

「不過，小的說請調不容易，到現在還回不來。公家機關做事情就是沒效率！」他埋怨了政府，但不埋怨死神。我看懂他這步棋，悄悄避了開來。

「是啊！這樣會不會覺得很無聊啊？」但忍不住，我還是繞了回來。

老先生愣了一下，反而露出了笑容。他蹺起腳，往椅背上一靠，一副準備吃掉我將軍的模樣。

「不會無聊啊！我不是跟你說過了，我天天到公園去下棋，幾乎沒人能贏我。人家說暗棋靠運氣，哼！不懂的人才這樣說，我會記棋、算棋，你腦中還在想下一步，我已經算到三步了，他們怎麼可能贏我？前陣子什麼長青盃象棋比賽，我還蟬聯了三屆冠軍，參加之後就沒輸過！」

「哇！真的很厲害！」我打從心裡佩服，將軍硬生生被他吃了。

但我在意的根本不是這盤棋。我看的不是棋步，而是他那寂寞的步伐，還有那雙布滿皺紋的手——再也掌控不了人生，只能伸進棋盤裡。

死亡與孤獨總並行而來

妻子的離去帶給了他深深的恐懼，**彷彿任何一切隨時都可能再被奪走**，因此他把手探得更遠也抓得更緊。歷經死亡之後，他就像是過了河的小兵，表面上逞著奪人將軍的威風，內心卻是孤獨而脆弱的。

我不禁想起了「存在主義心理治療」裡所談的，人生無可避免的四大議題：死亡、孤獨、自由與無意義。而死亡與孤獨總並行而來。

「你要多運動，太陽下山前多走走，現在有捷運，老人還有打折。這樣安眠藥比較好減。」

「有啦！加減啦！我小的如果有回來，我們就會去爬山，有爬山比較累，我自己就會減安眠藥。」

大概是吃掉了我的將軍吧，老先生卸下心防，多說了一些。

那成堆的安眠藥就彷彿對二兒子的特殊懸念，愈抓不牢的，失去的焦慮愈深，放的心思也愈重。於是**他想盡辦法要用自己習慣的棋步，去走兒子的人生。**

害怕死亡是「軟弱」，害怕孤獨是「依賴」，這些都不是老先生可以對別人或對自己承認的。他唯一承認的，只有失眠。

所以他不肯示弱地說出需求，反而是給盡他所擁有的，要兒子知恩惜福，主動回報，**這種看似情感的勒索，卻反而卑微得如同乞討。**

老先生那弱不禁風的驕傲，只是他一輩子所習慣的愛人的方式，如同熟記的棋步起手難回。

生命的勳章

大多日子，他總是孤獨地微服出巡。走路，有時騎腳踏車，公園、游泳池……就是那些老地方。即使到了新城市，他還是過著舊的生活，捷運什麼的他沒興趣，也不需要。十多年前，這盤棋局便已定，一切都在他運籌帷幄中，沒什麼好擔憂的——除了夜晚長了一些。

每次回診，我也只能陪他小聊，再擦亮勳章。這些驕傲的勳章閃著熠熠光芒，像是維繫著老先生生命的陽光。一旦熄滅了，藏在無止境夜晚裡頭的孤獨與憂鬱就將凶猛地襲來。

短暫的閒聊間，不知不覺也過了一年，媳婦生了個男孩，二兒子還是沒搬回來。

「我那個孫子有夠古錐，他如果哭，我拿棋子敲一敲，他就不哭了，哈哈！以後一定也很會下棋。」

「照顧孫子很累喔！」

「哈哈！真的！我如果上去陪他玩，那一天真的可以累到不用吃安眠藥呢！」他的笑容裡有了晨曦般溫柔的光。

老先生到底為什麼失眠呢？是想起了清晨的微光，還是無法停止盤算著空蕩蕩的棋盤？

或許，不是那麼重要了。

關係修復的開始

「存在主義大師」歐文・亞隆在談論「存在孤獨」時說：「關係無法消除孤獨，每一個人的存在都是孤獨的，可是藉著愛彌補孤獨的痛苦能分擔孤寂……最好的關係是以彼此無所求的方式相處。」

每個人都有各自的人生棋局，誰也不是誰的棋子，無法交換、也無法代替。我們只是彼此觀看，感覺同時存在的陪伴與愛。

文謅謅的存在主義對老先生來說或許太遙遠，也非必要。人生之中，死亡與孤獨本來就不是陌生的，老先生終有他自己的哲理與智慧來面對他的焦慮吧！

懷抱孫子的滿足帶來了生命的延續感，緩解了他對於死亡的焦慮。小孩那與生俱來的情感索求與盈盈笑臉，也或許暫且化解了他的孤獨。關於生與死，老先生或許意會了些什麼。

但也或許就僅僅是愛，沒那麼多想像，那麼多他始終難以意會或不願承認的詮釋，就只是最純粹而簡單、如初生嬰孩原始赤裸的愛。

觀棋不語，因此在他主帥旁蓋著的那枚黑卒，我終究還是沒翻開。畢竟，診間不是爭勝負的地方，而老先生的人生是他的棋局，不是我的，就如同他兒子的棋局也不該是他的。

愛的領悟

面對人生無可避免的焦慮，不是翻開每一子、控制每一步就可以化解的，而是要嘗試去理解焦慮的不可避免並接受它，相信在這之中，人生仍能尋到出路與意義。

死亡不可避免，但因有生命，才有死亡。

我與老先生都看見了生命中，那晨曦的柔光。

空洞男人
——他想擺脫的不是思念，而是空洞

接近下診時刻，累積了一天的疲憊，心中也醞釀了一切將暫告一段落的沉靜感。

總有個盡頭，有個期限。縱然天亮後又是另一天的疲憊，縱然吹熄診間的燈後，故事依然在人生幽微的舞台上搬演，但至少我可以闔眼，可以回到自己的人生。多麼地幸運，我只是個聽故事的人。

我伸了伸懶腰，等待並感謝這個階段性的句號，讓人得以喘息，看見希望，不致因無止境的陰雨而遺忘了雲後的陽光。許多時候，**絕望便只是來自於這種「永無止**

境」的想像。

但就在最後一刻，舞台上多加了一場戲：一位複診的個案揣著故事而來。離他上一次就診三年多了，我看著病歷紀錄，慢慢回想起那遙遠的印象，內心也湧出如當初巨大而綿長的哀傷。

看來，在病歷的空白處，他的故事並未謝幕。

男人比印象中消瘦許多，他慢慢地走近、坐下，透露比我還沉重的疲憊。看著他哀傷的臉，我有種他將無法開口說話的錯覺。

他其實只來過兩次。

妻子過世後一個多月，他來了第一次；一星期後是第二次。

第二次病歷記錄著：睡眠改善，胃口進步，早上開始到操場運動。情緒的部分，我仍寫著**「憂鬱」**。

然而，我印象最深的是病歷上沒記下的一句話，三年多前起身離開前那一刻，他嚴肅地問我：

「醫師，你覺得難過多久算正常？」

我忘記當時自己說了什麼。或許我並未回答，只有以沉默或看似理解的眼神回應；也或許，我誠實地說了至今不變的那個答案。

「我不知道。」

老教授曾說七七四十九天，接近兩個月，台灣的習俗大概就是這個長度。這是默契，也是禁忌，社會給你一個哀傷期限，讓茫然的你有規則依循，彷彿在說失落得有個盡頭，時間到了，總得上岸。

但如果過期了呢？靈魂就開始因孤獨而腐敗嗎？

那沒過期的，哀傷就真的如約消失？可以若無其事地回到社會，保有靈魂新鮮如昔？

失去摯愛的時候，誰還能遵守跟社會的約定？而我們的靈魂，真的只能承載四十九天的哀傷嗎？

哀傷有期限嗎？

我真的不知道。

向前一步，更貼近彼此

生活總要繼續下去

「好久沒看到你了。」我說，如夜一般輕聲。

他試著微笑，但旋即流下淚來。

「我原本以為我已經走過來了，沒想到……」

他趕緊從口袋中掏出手帕，將淚水在落下前拭去。還是一樣，他不習慣展露自己的脆弱。

記得初診時，我問他：「你怎麼決定要過來呢？」

「生活總要繼續下去。」他說。

他以前是數學老師，退休後，就跟妻子過著簡單但豐富的生活。妻子是家庭主婦，一對兒女都結了婚，只剩下自己還賴著妻子照顧。

「她都說我退休後她更忙，其實我只是在家多吃一頓午餐。她也不想想，以前她都悶在家裡，我退休後才能常帶她去看電影、旅行、上餐廳，這些都我負責安排，我看她是忙著玩才對。」

一開始，他只說著妻子的事情，關於自己，他簡化成「生活的失衡」。

「還是吃不太下，睡覺也變得多夢，很淺眠。」那時候已經接近哀傷的期限，他很在意自己還無法回到尋常的生活。

「心情呢？」

「心情？還可以，漸漸習慣了……我最近早上去運動精神還是不好，沒睡飽的感覺，操場跑沒幾圈就沒力，就不太想去……」

這就是男子的尋常生活：早上起床運動後，回家跟妻子一起吃早餐，接著沖個澡；午餐後跟妻子去看電影；傍晚跟妻子到黃昏市場買菜；晚餐後，妻子看連續劇，他在旁聽音樂或看看書，等妻子一起就寢。星期五晚上則固定去新餐廳嚐鮮。夫婦倆還每隔幾個月就開車找新景點遊玩，每年至少出國一次。

但四年前，尋常的生活頓時失序。

看電影時，妻子說畫面有兩個影子，到大醫院檢查，發現是腦部有轉移的腫瘤壓迫到神經，住院後很快就找到了源頭——

「醫生說是末期乳癌，而且早已到處轉移了。我根本什麼都還來不及做……」

妻子就這樣從他的生活中被奪走了。

等待填滿的空洞

忙完妻子的後事，他開始學習過妻子的忙碌生活，一樣早起運動，一樣傍晚買菜、自己做飯，還有晚上看連續劇。

但他不再看電影了，旅行、餐館，也都是多餘的。

生活的空洞就在那裡，坐在他隔壁、他對面、他背後，透明無聲，但無法忽略。他要守在妻子的生活裡，哪兒也不去。

空洞不斷擴散，如癌細胞侵入生活，他開始失眠、多夢。夢裡頭他自責地哭著：「新聞說很多乳癌都是先生幫妻子發現的，我很沒用，我什麼都沒發現……」煮好的飯在冰箱冰了三天沒動；塵埃積滿了生活四周，他也無動於衷；洗衣籃塞滿衣服，碗槽堆積著碗盤……

一個多月了，而他只是繼續躺在沙發上，陷入空洞。女兒回家看到父親這模樣，哭著罵他：「爸，你不能再這樣下去了！你知道你這樣糟蹋自己，媽會有多擔心嗎？」

他終於從沙發中爬了出來，撕掉過期的日曆，來到我診間，決心要回到尋常的生活裡。他成功地回到了生活的軌道上：運動、買菜、做飯、閱讀，規律作息，偶爾找找散居各地的老友，兩人份的生活將時間填滿了，也似乎將空洞填滿了。

但他還是沒再看過電影。

「一個人去看電影，還是覺得怪怪的。」

三年了，他以為時間的厚度足以擋住回憶追擊，直到回憶狠狠地偷襲了他。

從空洞的位置，移到思念的位置

那天看到電影《不可能的任務》的廣告，他呆坐在沙發上，身旁的空洞頓時被掏了開來。

那是他們最愛的系列電影，每一集都一起到電影院看。在他心中，這電影已隨妻子消失了，如今怎麼可以不經允許擅自回來？他沒料到，哀傷竟以這樣的方式襲來，更沒想到**那哀傷還是如此洶湧！**

「有師父勸我要放下，也有朋友說慢慢就會忘記，我本來也以為自己忘記了，但那一天我才發現我根本不想忘記！醫師，真的會忘記嗎？我很怕真的忘記了啊……」

哀傷彷彿化作眼淚，不斷湧出。

「你不會忘記，也不需要忘記啊！」我確信地說。

「可是很難過，真的很難過……」

「我知道……」我知道，但我不敢真的想像那到底有多痛。我靜靜陪著他哭，至少這是他願意表露哀傷的地方。

我沒能告訴他什麼，只是在他孤獨茫然的時候反覆提醒他：是的，他可以哀傷，沒人可以要求他，限制他。這世上沒有比失去摯愛更令人痛苦的事情了，而這痛苦，也沒人比他更清楚。

至於思念，是沒有期限的。

「只要想到身邊的空位上本來應該要有個人，我就很難接受，所以我沒勇氣自己去看電影。」

我沉默了一會。

「……如果把那個空位，收到心裡呢？」

「收到心裡？」

「如果是身邊的空位，妻子是不可能回來的，那個位置，永遠會是空的。但若能

把位置擺到心裡，妻子或許就能放在心裡了，思念，或許也就是這樣吧？」

「那她就真的不會回到我身邊了。」

「她會以另一種形式待在你心中啊！如此，你便不會再守著那個空位，而無論你去到任何地方，她也都能一直陪伴著。」

我想，我們想擺脫的不是思念，而是空洞。身旁的空洞如果留著，是永遠不可能被填滿的。若能將離開的摯愛從空洞的位置移到思念的位置，哀傷，是否能變得比較美麗呢？

在「生死學大師」伊麗莎白．庫伯勒．羅斯所著的《當綠葉緩緩落下》一書中，喪妻的傑瑞在第二年後平靜許多，他說：「自從搬家後，我感覺好多了……原本帶給我慰藉的房子不斷提醒我失去了多麼寶貴的東西……搬家後一切如新，現在莎拉住在我的心裡，而不是屋子裡。」

將妻子放進心裡，或許也是接受了她離開的事實，將有形的存在化為無形的思念，哀傷依然，卻有了不同的意義。

放進心裡，才能帶在心上一同前進，而不是停滯在過去，等待不會歸來的人歸來，等待不須止息的哀傷止息。

關係修復的開始

又隔了一陣子，他神祕地笑著，將一張電影票放到桌上。

「《不可能的任務》！現在還有地方看喔？」我驚喜地問。

「二輪電影院啊！醫師，你看過沒？」

「還沒，一直抽不出時間。好看嗎？」

「還不錯啊！那個湯姆．克魯斯都不會老欸。」

我感動地看著他，輕輕地問：

「怎麼決定要去呢？」

他停頓了一下，才笑著說：

「現在一張票，兩個人看，為什麼不去？」

愛的領悟

哀傷或許持續，但笑容已經開始了。而思念，是永恆的。

在丈夫因心臟病猝逝後，美國作家瓊・蒂蒂安用一年的時間書寫《奇想之年》（*The Year of Magical Thinking*）一書。那是一本哀悼之書，關於各種試圖逃離現實，捕捉丈夫記憶片段的奇幻想法。但最終，這些magical thinking並沒有施展任何魔法，讓時間逆流，丈夫復生，哀傷消失殆盡。

在越過一年的那一天，蒂蒂安於書的最終章寫道：

今天在雷辛頓大道上突然領悟到，我們一起度過的生活自此而後將會在我的日常生活中愈益不重要，背叛的感覺如此強烈。我心中明白，我不願讓這一切就此結束。我也不願讓這一年就此結束。

未完的故事繼續著。

繼續著的是哀傷，因愛而不止息的哀傷。

繼續著的是愛，因哀傷而永不抹滅的愛。

國家圖書館預行編目資料

男人玻璃心——親愛的，我想明白你／
郭彥麟著 --初版.--臺北市: 寶瓶文化, 2016.9
面； 公分.--(Vision；137)
ISBN 978-986-406-064-1（平裝）

1.成人心理學 2.男性 3.兩性關係

173.32 105015364

Vision 137

男人玻璃心——親愛的，我想明白你

作者／郭彥麟
企劃編輯／丁慧瑋

發行人／張寶琴
社長兼總編輯／朱亞君
副總編輯／張純玲
資深編輯／丁慧瑋 編輯／林婕伃
美術主編／林慧雯
校對／丁慧瑋・劉素芬・陳佩伶・郭彥麟
營銷部主任／林歆婕 業務專員／林裕翔 企劃專員／李祉萱
財務主任／歐素琪
出版者／寶瓶文化事業股份有限公司
地址／台北市110信義區基隆路一段180號8樓
電話／(02)27494988 傳真／(02)27495072
郵政劃撥／19446403 寶瓶文化事業股份有限公司
印刷廠／世和印製企業有限公司
總經銷／大和書報圖書股份有限公司 電話／(02)89902588
地址／新北市五股工業區五工五路2號 傳真／(02)22997900
E-mail／aquarius@udngroup.com

著作完成日期／二〇一六年六月
初版一刷日期／二〇一六年九月六日
初版七刷+日期／二〇二一年十一月四日

ISBN／978-986-406-064-1
定價／三二〇元

AQUARIUS 寶瓶 文化事業

愛書人卡

感謝您熱心的為我們填寫，
對您的意見，我們會認真的加以參考，
希望寶瓶文化推出的每一本書，都能得到您的肯定與永遠的支持。

系列：Vision 137　**書名：男人玻璃心——親愛的，我想明白你**

1. 姓名：＿＿＿＿＿＿＿＿　性別：□男　□女
2. 生日：＿＿＿年＿＿＿月＿＿＿日
3. 教育程度：□大學以上　□大學　□專科　□高中、高職　□高中職以下
4. 職業：＿＿＿＿＿＿＿＿
5. 聯絡地址：＿＿＿＿＿＿＿＿＿＿＿＿＿＿＿＿＿＿＿＿

   聯絡電話：＿＿＿＿＿＿＿＿　手機：＿＿＿＿＿＿＿＿
6. E-mail信箱：＿＿＿＿＿＿＿＿＿＿＿＿＿＿＿＿

   □同意　□不同意　免費獲得寶瓶文化叢書訊息
7. 購買日期：＿＿＿年＿＿＿月＿＿＿日
8. 您得知本書的管道：□報紙／雜誌　□電視／電台　□親友介紹　□逛書店　□網路

   □傳單／海報　□廣告　□其他
9. 您在哪裡買到本書：□書店，店名＿＿＿＿＿＿　□劃撥　□現場活動　□贈書

   □網路購書，網站名稱：＿＿＿＿＿＿＿　□其他＿＿＿＿＿＿
10. 對本書的建議：（請填代號　1. 滿意　2. 尚可　3. 再改進，請提供意見）

    內容：＿＿＿＿＿＿＿＿＿＿＿＿

    封面：＿＿＿＿＿＿＿＿＿＿＿＿

    編排：＿＿＿＿＿＿＿＿＿＿＿＿

    其他：＿＿＿＿＿＿＿＿＿＿＿＿

    綜合意見：＿＿＿＿＿＿＿＿＿＿＿＿＿＿＿＿＿＿＿＿＿＿＿＿
11. 希望我們未來出版哪一類的書籍：＿＿＿＿＿＿＿＿＿＿＿＿＿＿＿＿

讓文字與書寫的聲音大鳴大放

寶瓶文化事業股份有限公司

（請沿此虛線剪下）

廣　告　回　函
北區郵政管理局登記
證北台字15345號
免貼郵票

寶瓶文化事業股份有限公司　收

110台北市信義區基隆路一段180號8樓

8F,180 KEELUNG RD.,SEC.1,

TAIPEI.(110)TAIWAN R.O.C.

（請沿虛線對折後寄回，或傳真至02-27495072。謝謝）